ACCESO GRATIS *a la Lectura en la Nube*

Para visualizar el libro electrónico en la nube de lectura envíe junto a su nombre y apellidos una fotografía del código de barras situado en la contraportada del libro y otra del ticket de compra a la dirección:

ebooktirant@tirant.com

En un máximo de 72 horas laborables le enviaremos el código de acceso con sus instrucciones.

APUNTES DE INTERPRETACIÓN Y ARGUMENTACIÓN JURÍDICA

APUNTES DE INTERPRETACIÓN Y ARGUMENTACIÓN JURÍDICA

JUAN CARLOS ABREU Y ABREU

tirant lo blanch
Ciudad de México, 2023

En caso de erratas y actualizaciones, la Editorial Tirant lo Blanch publicará la pertinente corrección en la página web tirant.com/mx.

Este libro será publicado y distribuido internacionalmente en todos los países donde la Editorial Tirant lo Blanch esté presente.

Esta obra pertenece a la Colección Editorial Rumbo al Bicentenario. Centro de Investigaciones Judiciales de la Escuela Judicial del Estado de México. Calle Leona Vicario núm. 301, Col. Santa Clara C.P. 50090, Toluca, Estado de México Tel. (722) 167 9200, Extensiones: 16821, 16822, 16804. Página web: http://www.pjedomex.gob.mx/ejem/

Editor responsable:
Dr. en D. Juan Carlos Abreu y Abreu
Director del Centro de Investigaciones Judiciales

Editora ejecutiva:
L. en D. María Fernanda Chávez Vilchis

Equipo editorial:
L. en D. Jessica Flores Hernández
L. en D. Orlando Aramis Aragón Sánchez

Diseño de portada:
Coordinación General de Comunicación Social
del Poder Judicial del Estado de México

La edición y el cuidado de esta obra estuvieron a cargo del Centro de Investigaciones Judiciales del Poder Judicial del Estado de México.

DISTRIBUYE: TIRANT LO BLANCH MÉXICO
Av. Tamaulipas 150, Oficina 502
Hipódromo, Cuauhtémoc, CP 06100, Ciudad de México
Telf: +52 1 55 65502317
infomex@tirant.com
www.tirant.com/mex/
www.tirant.es
ISBN: 978-84-1056-526-5
MAQUETA: Innovatext

Si tiene alguna queja o sugerencia, envíenos un mail a: atencioncliente@tirant.com. En caso de no ser atendida su sugerencia, por favor, lea en www.tirant.net/index.php/empresa/politicas-de-empresa nuestro Procedimiento de quejas.

Responsabilidad Social Corporativa: http://www.tirant.net/Docs/RSCTirant.pdf

Índice

PRESENTACIÓN

En el vasto universo del derecho, donde las palabras adquieren un poder sin igual, la interpretación y la argumentación jurídica emergen como las herramientas fundamentales que guían el análisis, la comprensión y la aplicación de las normativas legales. En esta obra, titulada *"Apuntes de interpretación y argumentación jurídica"*, nos adentramos en un recorrido fascinante a través de los intrincados caminos del pensamiento jurídico.

Esta obra que forma parte de la Colección editorial *"Rumbo al Bicentenario"*, se erige como un faro intelectual, iluminando conceptos esenciales que sustentan al derecho. Desde el concepto mismo de interpretación hasta las complejidades de las falacias y los principios fundamentales, cada capítulo ofrece una mirada perspicaz y reflexiva sobre temas cruciales que moldean la práctica legal.

Comenzamos nuestro viaje examinando los conceptos, esa habilidad humana de desentrañar el significado detrás de las palabras escritas, y nos sumergimos en los diferentes métodos de interpretación que los juristas emplean para descifrar la intención legislativa. Exploraremos las distintas corrientes de la hermenéutica jurídica, desde el formalismo hasta las escuelas contemporáneas, que moldean nuestras percepciones sobre cómo entender y aplicar la ley.

Un punto crucial en el análisis de esta obra es la exploración de las falacias, esas trampas lógicas que pueden distorsionar el razonamiento jurídico. Desde falacias de relevancia hasta falacias formales, descifraremos estos errores de pensamiento que pueden socavar la solidez de un argumento legal.

Finalmente, nuestra travesía nos lleva a las teorías de la argumentación jurídica, donde examinamos las diversas corrientes de pensamiento que buscan comprender cómo construir argumentos sólidos y persuasivos en el contexto legal.

"Apuntes de interpretación y argumentación jurídica", es más que un compendio de conceptos legales; es una invitación a explorar las complejidades y los matices del derecho. A través de sus páginas, los lectores serán desafiados a reflexionar, cuestionar y ampliar sus horizontes intelectuales, enriqueciendo así su comprensión del mundo jurídico que nos rodea.

Bienvenidos a este fascinante viaje hacia el corazón del derecho, donde cada página revela nuevos panoramas, perspectivas y entendimientos. Que este libro sea una fuente de inspiración y conocimiento para todos aquellos que buscan comprender las profundidades del pensamiento jurídico.

Ricardo Alfredo Sodi Cuellar
Magistrado Presidente del Tribunal Superior de Justicia y del Consejo de la Judicatura del Estado de México.

Primera parte

LA INTERPRETACIÓN JURÍDICA

1.1. EL CONCEPTO DE INTERPRETACIÓN

Toda norma está, en principio, inexcusablemente condicionada por la interpretación.

La palabra proviene del latín *interpretation* y, a su vez, del verbo *interpretor* que significa "servir de intermediario", "venir en ayuda de", este verbo deriva de *interpres*, que significa "agente o intermediario".[1]

En la Roma clásica, el *interpres* era un traductor que tenía como función aclarar o explicar lo que no era accesible, lo que no se entendía dentro del lenguaje común. El intérprete comunica a la gente común el significado que se le atribuye a ciertas cosas, signos o conocimientos, por ende, interpretar consiste en dotar de significado, mediante un lenguaje significativo, a ciertas cosas, signos, fórmulas o acontecimientos; es un acto por el cual se asigna un significado especifico a ciertos hechos, signos, fórmulas o palabras.

Así pues, una noción generalizada de "interpretar", nos sugiere que es: explicar o declarar el sentido de algo y, principalmente, el de un texto. Se interpreta cuando el emisor

---

1 *Cfr.* TAMAYO Y SALMORAN, Rolando, «Interpretación constitucional. La falacia de la interpretación cualitativa» en *Interpretación Jurídica y decisión judicial*, Vázquez, Rodolfo (comp.), segunda edición, México, Fontamara, S.A., 2001, pp. 89 y ss.

pretende comunicar un mensaje o una idea y el receptor lo descifra y atribuye un significado.

Para entrar en materia, Hart introduce un cambio en la manera de abordar el lenguaje del derecho con sus tesis: "*textura abierta del derecho*"; en la cual sostiene que, la determinación del significado de un término puede resolverse si se evita tratar de buscar la "*esencia*" o "*la verdadera naturaleza*" de las cosas.[2]

En la interpretación de la norma se pretende descifrar un texto, por lo que tal interpretación no necesariamente es gramatical:

> pues la significación de las palabras que el legislador utiliza no se agota en su sentido legislativo lingüístico. Para percatarse de ello, basta con pensar en la equivocidad de muchos de los términos que maneja y, sobre todo, la necesidad en que se encuentra de usar vocablos que poseen una significación propiamente jurídica, no creada por el, y se halla en conexión con muchas otras del mismo sistema de derecho.[3]

Mario Bunge[4] distingue entre interpretar hechos y símbolos. Los hechos se interpretan al momento que la persona lo explica desde su propia perspectiva y ángulo.

Por su parte, Hans Kelsen se refiere a los puntos medulares sobre el problema de la interpretación:

> La teoría de la estructura escalonada del orden jurídico es de fecundas consecuencias para el problema de la interpretación. Esta es un proceso espiritual que acompaña

---

2 *Cfr.* TAMAYO Y SALMORAN, Rolando, *op. cit.*, nota 1, pp. 89 y ss.

3 *Cfr.* GONZÁLEZ RUIZ, Samuel, *Código semiótico y teorías del derecho,* México, DJC, 2004, p. 329.

4 BUNGE, Mario, *La investigación científica,* cuarta edición, México, Siglo XXI, 2007, p. 122.

> todo el proceso de la creación jurídica en su desenvolvimiento desde la grada superior hasta las gradas inferiores -determinadas por las superiores-. La interpretación de la ley, en un caso normal, la cuestión a contestar es la siguiente: ¿Cómo deducir de la norma general de la ley, en su aplicación a un hecho concreto, la correspondiente norma individual de una sentencia jurídica o de un acto administrativo? Pero también, hay una interpretación de la Constitución, pues esta ha de ser aplicada; es decir, ejecutada, en los grados inferiores, tanto el procedimiento legislativo como en las ordenanzas de necesidad o en cualquier otro género de actos directamente constitucionales. Y hay, por fin, una interpretación de las normas individuales, de todas las normas; puesto que todas han de ser aplicadas, ya que el proceso de creación y ejecución pasan de una grada a otra de la pirámide.[5]

Luis Recaséns Siches sostiene que, la única proposición valida que puede emitirse sobre la interpretación es la que el juez, en todo caso, debe interpretar la ley precisamente del cómo, que lleve a la conclusión más justa, para resolver el problema planteando ante su jurisdicción. Señala que:

> Al proceder así, el juez, dejó de apartarse de su obligación de obediencias al orden jurídico, da a esta obligación *su más perfecto cumplimiento.* Esto es así por la siguiente razón: el legislador, mediante las normas generales que emite, se propone lograr el mayor grado posible de realización de la justicia y de los valores por esta implicados, en una determinada sociedad concreta. Tal es, al menos en principio, el propósito de todo orden jurídico positivo, independientemente cual sea el grado mayor o menor que haya logrado realizar con éxito ese propósito. El legislador se propone con sus leyes realizar de la mejor manera lo posible de las

---

5 KELSEN, Hans, *La teoría pura del derecho,* México, Colofón, 2009, p. 59.

> exigencias de la justicia. Entonces, si el juez trata de interpretar esas leyes de modo que el resultado que emplearías en los casos de singulares aportes a la realización de mayor grado de justicia, con esto, no hace sino servir exactamente al mismo fin que se propuso el legislador. El juez, cuando interpreta las leyes de legislador, precisamente, de tal manera que la individualización de estas leyes en los casos singulares resulte lo más acorde posible con la justicia, es mucho más fiel a la voluntad del legislador y más fiel a la finalidad que este propone, cuando las interpreta de una manera literal.[6]

El operador jurídico se auxilia de los métodos de interpretación gramatical, interpretación sistemática, interpretación histórica, interpretación genética, la interpretación acorde al uso alternativo del derecho, la interpretación funcional entre otras.

El verbo "interpretar" denota una operación intelectual que –para Ignacio Burgoa[7]– consiste en determinar el alcance, el sentido o el significado de cualquier norma jurídica, bien sea esta general, abstracta, impersonal o parcial, concreta e individualizada. El citado autor refiere que, en el primer caso, se trata de la interpretación de las leyes en su amplia o lata acepción, independientemente de su rango formal; o sea, de las normas constitucionales, de las legales ordinarias o secundarias y de las reglamentarias. En el segundo, la interpretación puede versar sobre los contratos, los convenios, los testamentos, las sentencias judiciales, las resoluciones administrativas y, en general, sobre decisiones unilaterales o bilaterales de carácter público, social o privado e incluso sobre actos de índole jurisdiccional.

---

6 RECASENS SICHES, Luis, *Introducción al estudio del derecho,* décimo séptima edición, México, Porrúa, 2014, pp. 168 y 246.

7 BURGOA ORIHUELA, Ignacio, *Derecho Constitucional Mexicano,* vigésima edición, México, Porrúa, 2010, p. 393.

Robert Alexy[8] refiere que, el término de "interpretación" es ambiguo, debido a que puede referirse tanto a la actividad como al resultado de esta. En la actividad su objetivo es la interpretación correcta y, como resultado, se pretende hacer el correcto. La interpretación para Alexy[9] es argumentación, ya que la fundamentación es un proceso que se da mediante dos etapas; 1) la tarea psíquica del descubrimiento del significado de la norma; 2) la tarea argumentativa de justificación. De las pretéritas consideraciones, de Alexy, advertimos que el derecho no es un simple texto normativo, sino también la interpretación que se realiza del mismo cuerpo normativo.

1.2. EL LENGUAJE

El fenómeno jurídico se presenta y llega a nosotros a través de lenguaje. El problema de la interpretación surgió como resultado de la aparición del *ius scriptum* y los materiales jurídicos (leyes, reglamentos, testamentos, contratos). Los cuales son formulados por escrito, en consecuencia, objeto de interpretación.

Si la función significativa –la interpretación– consiste en la incorporación de un determinado significado a ciertos signos, términos o palabras a fin de hacerlos corresponder con determinados objetos, la interpretación jurídica consiste en asignar:

8 ALEXY, Robert, «*Die Juristische Interpretation*» en: *Recht, Vernunft, Diskurs.* Suhrkamp, 1995, p. 77, citado por Huerta Ochoa, Carla, *Mecanismos constitucionales para el control del poder político*, México, Instituto de Investigaciones Jurídicas, UNAM, 2001, p. 93.

9 HUERTA OCHOA, Carla, *Mecanismos constitucionales para el control del poder político*, México, Instituto de Investigaciones Jurídicas, UNAM, 2001, p. 93.

> Un *significado jurídico* a ciertos hechos, (comportamientos humanos, *inter alia*), los cuales se constituyen en "hechos jurídicos", en la medida en que son considerados por lo regulado dentro del orden jurídico. En este rubro, la ciencia jurídica es esquema de interpretación que permite entender el comportamiento humano como condición o consecuencia de las normas jurídicas, es decir, la conducta será entendida como un acto prohibido, permitido u ordenado "jurídicamente" como "actos jurídicos". Un *significado jurídico* a objetos conocidos ya, por ejemplo, "los materiales" pertenecientes a un orden jurídico. En este apartado cada predicado, dado a los hechos jurídicos, dependerá de su función específica dentro del orden jurídico. Aquí subyace el problema de interpretación tradicionalmente planteado.
>
> El lenguaje interpretado puede ser simbólico, ideológico, algorítmico o idiomático; verbal o escrito, sin embargo, es bastante habitual considerar que interpretar se refiere normalmente a establecer o declarar el significado de un texto.[10]

Como regla general, cualquier sujeto que dote de significado a un lenguaje lleva a cabo una interpretación; por ende, de acuerdo con la pluralidad de sujetos es posible determinar dos grandes tipos de interpretación jurídica, en atención a la situación que guarda el intérprete con los materiales jurídicos a interpretar, es decir, interpretación positiva e interpretación doctrinal.[11]

1.2.1. Interpretación positiva

La interpretación positiva es el acto de significación mediante el cual un órgano (legislativo, administrativo o judicial) determina el significado de los materiales jurídicos que él

---

10 *Cfr.* TAMAYO Y SALMORAN, Rolando, *op. cit.*, nota 1, pp. 89 y ss.

11 *Ibídem, p. 95.*

tiene que aplicar, a fin de continuar el proceso progresivo de creación del derecho, que se inicia en la Constitución y termina en el último acto individualizado de ejecución.[12]

Este tipo de interpretación es fundamental para la creación del orden jurídico: el órgano aplicador, al decidir el significado que entraña el lenguaje jurídico que aplica, decide el futuro curso del derecho, ya que escogerá un significado mediante ciertos métodos de interpretación (exegético, histórico, científico, etcétera). Por ejemplo, Hart, en su tesis de la "discrecionalidad" expone que, el significado del lenguaje jurídico se determinará en función de la cultura, los sentimientos, instintos, credo político o religión del órgano que interpreta. O bien, Dworking sostiene que, el órgano aplicador debe encontrar la única respuesta correcta de interpretación, basándose en los principios del orden jurídico en el que se desenvuelve.

1.2.2. Interpretación doctrinal

Cuando el intérprete es ajeno al acto de aplicación del derecho, la interpretación no produce nuevos materiales jurídicos, por lo que solo adquiere la característica de ser un acto de significación o descripción del derecho.

Al lenguaje, mediante el cual la ciencia del derecho otorga determinado significado a los materiales jurídicos, se conoce como discursivo y puede ser descriptivo o cognoscitivo; en oposición al lenguaje prescriptivo, el cual señala en que lenguaje se formula el derecho positivo. Por ende, en este rubro se encuentran básicamente:

a) La interpretación de los órganos del Estado.

---

12 *Ibídem*, p. 95.

b) La interpretación de los juristas, es decir los enunciados descriptivos con los que se conforma la ciencia jurídica y que proporcionan una significación jurídico-cognoscitiva al derecho.

1.2.3. Integración

La integración jurídica, como una forma de solución a los problemas relativos a la aplicación del derecho, se actualiza cuando no existe precepto jurídico aplicable a un caso concreto; por tanto, es la herramienta que utiliza un órgano del Estado que se enfrenta a situaciones no previstas, teniendo que cubrir, colmar o completar, alguna norma jurídica;[13] sin embargo, puede darse que en un caso no exista un parámetro cubierto por el legislador, al que la doctrina identifica como lagunas jurídicas.[14]

El vocablo laguna proviene del latín *lacûna* que significa: a) depósito natural de agua, generalmente dulce; b) omisión o hueco que se dejó en manuscrito o impresos; y c) defecto, vacío o solución de continuidad en un conjunto o una serie; por tanto, en la literatura jurídica se entiende por laguna del derecho la circunstancia en la que, en un ordenamiento jurídico determinado, no existen disposiciones directamente aplicables a cuestiones de su competencia; por ejemplo, cuando enfrentan situaciones no previstas.[15]

---

13 *Cfr.* TAMAYO Y SALMORÁN, Rolando, *Elementos para una teoría general del derecho (Introducción al estudio de la ciencia jurídica)*, México, Themis, 1992, p. 152.

14 *Ídem.*

15 *Ibídem*, p. 153.

1.2.4. Mecanismos para resolver los problemas de interpretación e integración

1.2.4.1. *Contrario sensu*

Es la operación lógica por la que un enunciado normativo de modo expreso, o tácito, imita la aplicabilidad de su mandato únicamente a una determinada clase de personas. De ella, puede inferirse, interpretándola al contrario, la existencia de otra norma cuya disposición se opone contradictoriamente a la primera y su ámbito personal de validez está formado por los no comprendidos en el del otro precepto.[16] Este argumento tiene, en términos generales, las características siguientes:

a) Se utiliza como instrumento de interpretación lingüística o literal.

b) En ninguna circunstancia es factible abandonar el texto que pretende interpretar.

c) Se caracteriza por inclinarse a realizar una interpretación restrictiva, en atención a que imita en forma cuidadosa los significados de un texto, al proponer que no todos los significados sugeridos por la letra del texto o por otros textos son adoptados.

d) Tiene como condición para su utilización el silencio de la ley, esto es, que el supuesto que se pretende argumentar no esté regulado.

e) Se basa en la presunta voluntad del legislador, es decir, que si el legislador no lo ha regulado es porque así lo ha querido. Solo se puede deducir la voluntad del legislador a partir de sus palabras.[17]

---

16 *Ibídem*, p. 156.

17 *Cfr.* GARCÍA MÁYNEZ, Eduardo, *Lógica del raciocinio jurídico*, México, Distribuidores Fontamara, 2002, p. 169.

1.2.4.2. *Simili ad simile*

El argumentum a simili ad simile, es la analogía, el juez (o cualquier otro órgano) puede valerse para colmar lagunas de la ley.

En el caso de las lagunas de la ley, cesa la labor propiamente interpretativa para dar lugar al esfuerzo integrador. El juzgador no busca la intención real o supuesta del autor de la norma, sino que, mediante la analogía, crea una nueva y distinta regla fundada en la identidad de razón, para aplicar un determinado precepto a un caso no previsto partiendo del principio donde existe la misma razón, debe aplicarse a un caso semejante.

Por tanto, cuando un hecho no previsto en la ley presenta las mismas características fundamentales de otro hecho previsto en determinada norma, la razón autoriza a aplicar al caso no previsto, la disposición que se refiere al caso semejante. Por medio de la analogía se trata de inducir a una solución particular, aplicable a un caso semejante, regido por el mismo principio interno. Se parte así de un estudio comparativo entre dos situaciones jurídicas.

En el procedimiento de analogía, el juzgador se encuentra ante dos situaciones: la primera, relativa a la prescripción de un hecho previsto en la norma; la segunda, a la existencia de un hecho que no se encuentra previsto dentro del supuesto normativo, pero que contiene elementos semejantes al hecho previsto en la norma. Sin embargo, no basta que exista un elemento de semejanza o identidad entre los dos casos para que se autorice la aplicación del procedimiento analógico, ya que el elemento de identidad debe ser decisivo para que el tratamiento jurídico sea idéntico. Solo cuando se encuentre este elemento de hecho común, que su relevancia es, en tal forma, fundamental, que ha sido la causa de la disposición legislativa, su razón puede aplicarse al principio analógico *ubi eadem ratio, esdem juris despositio* (a misma razón, misma norma jurídica).[18]

1.2.4.3. *Maiori ad minus*

Este argumento, que se traduce literalmente como "de más a menos" consiste, en tener por ordenado o permitido, de manera implícita, que se haga algo menos de lo que está ordenado o permitido.

Esta designación se aplica a las inferencias que hacen posible una interpretación extensiva, es decir, a las que permite aplicar la ley a materias o casos que no había previsto.

1.2.4.4. *Minore ad maius*

Su traducción equivaldría a "de menor a mayor", o sea, la norma implica a otra más amplia, que abarca las dos.

1.3. MÉTODOS DE INTERPRETACIÓN

La jurisprudencia constituye la herramienta "concedida a los jueces para integrar el ordenamiento jurídico y transformarlo de manera obligatoria".[19] Por supuesto que, para la integración del ordenamiento jurídico se requieren de métodos de interpretación que delimiten el alcance, la extensión y el significado de la norma jurídica sujeta a interpretación. Siguiendo a Savigny, existen cuatro métodos de interpretación de la norma constitucional, los cuales se resumen de la siguiente manera:

---

18 *Ídem.*

19 HUERTA OCHOA, Carla, *op. cit.*, nota 11, p. 93.

- Método gramatical o literal: consiste en tomar en cuenta el significado de las palabras empleadas por el legislador en la redacción de la norma jurídica escrita;
- Método lógico o conceptual: se basa en las ideas que involucra el precepto a interpretar;
- Método sistemático: estriba en relacionar diversos preceptos entre sí, tomando en consideración que todos ellos forman un sistema normativo, de cuya circunstancia deriva su denominación; y
- Método histórico o causal-teleológico: consiste en inquirir sobre los motivos y los fines inspiradores de disposiciones de la Constitución.

Los métodos de interpretación jurídica se derivan en: a) gramatical; b) sistemática; c) histórica; d) genética; y e) funcional.

1.3.1. Gramatical

La interpretación gramatical, también denominada literal, "se puede aplicar el texto en sus términos, si éste es claro y no queda duda del pensamiento del legislador".[20] Es un método exegético en que:

> se propone encontrar el sentido de una norma o de una cláusula en el texto de la misma. Es decir, a partir de su literalidad, se atribuye un significado a los términos empleados en la redacción por el legislador o por los contratantes con ayuda de las reglas gramaticales y del uso del lenguaje, se indaga el significado de los términos en que se expresa una disposición normativa. Dicho significado suele coinci-

---

[20] LARIOS VELASCO, Rogelio y CABALLERO GUTIÉRREZ, Lucila, *Las directivas de la interpretación jurídica*, México, Fontamara, 2011, p. 84.

dir con el lenguaje general empleado por los miembros de la comunidad, aunque en ocasiones es menester atender el lenguaje técnico que utiliza la norma jurídica.[21]

1.3.2. Sistemática

Este método de interpretación "busca extraer del texto de la norma un enunciado cuyo sentido sea acorde con el contenido general de ordenamiento al que pertenece. Procura el significado atendiendo al conjunto de normas o sistemas del que forman parte".[22]

1.3.3. Histórica

La interpretación histórica presenta una doble vertiente, una dinámica y otra estática. Ésta atiende a la aplicación de una normatividad determinada, debido a que así se ha hecho, y aquélla pretende modificar la aplicación con base en el contexto histórico.[23]

1.3.4. Genética

Se relaciona con el método de interpretación histórica y consiste en observar las causas que originaron la creación de la norma, es decir, busca la intelección de los sucesos que constituyeron la génesis del ordenamiento, a diferencia del método histórico, que tiene su entendimiento de manera circunstancial,[24] de acuerdo con el uso del derecho.

---

21 ANCHONDO PAREDES, Víctor Emilio, «*Métodos de interpretación jurídica*», *Revista Quid Iuris*, México, año 6, volumen 16, p. 37.

22 *Ibídem*, p. 41.

23 *Ibídem*, p. 47 y ss.

24 *Ibídem*, p. 48.

> En esta postura de interpretación se busca "privilegiar en el plano judicial y la práctica de aquellos 'sujetos jurídicos' que se encuentran sometidos o dominados; la interpretación debe adoptar carácter restitutorio y de emancipación dentro de una política jurídica o judicial ya permitida por las posibilidades del mismo ordenamiento legal para evitar así el personalismo o el voluntarismo del intérprete (...), dispone de una jerarquía de fuentes establecidas por el mismo sistema y de una metodología que se resuelve en un conjunto de regla técnicas que le permitirán descubrir las normas aplicables y mantener al mismo tiempo las características de neutralidad y objetividad.[25]

1.3.5. Funcional

Los tribunales de la federación lo definen como "aquel en el que se determina el significado de un enunciado atendiendo la intención del legislador, sus fines y las consecuencias de un significado, la interpretación debe ser justificada".[26] Además, este criterio interpretativo se sustenta en:

> una ideología dinámica, que entiende que el sentido de la norma jurídica se modifica en relación con los cambios que se producen en el contexto complejo en el que se le interpreta, logrando mayor elasticidad en los sentidos para las normas que requieren interpretación; así esa directiva se refiere al contexto de las relaciones y valoraciones sociales, en el que la norma fue dictada, es interpretada o será aplicada, que no pertenecen al contexto lingüístico o al sistémico.[27]

---

25 *Ibídem*, p. 50 y ss.

26 *Cfr.* https://www.te.gob.mx/normateca/taxonomy/term/26 fecha de consulta: 5 de junio de 2017

27 Tesis I. 4°. C.5 K (10a.), *Gaceta del Semanario Judicial de la Federación*, Décima Época, t. IV, libro 33, agosto de 2016, p. 2532.

1.4. HERMENÉUTICA JURÍDICA

El vocablo tiene sus orígenes en la expresión grecolatina *jermeneueien* que significa: traducir, esclarecer, y se define como el "arte de interpretar textos legales".[28] Además, es:

> un marco conveniente para analizar la interpretación, la aplicación y la misma argumentación porque rescata para el derecho su carácter de práctica social, porque señala la importancia de la precomprensión del interprete en la definición de los sentidos y significados, porque evita que la interpretación se entienda como algo lineal, mecánico, sin referencia al contexto y al ordenamiento, y porque la interpretación, la aplicación y la argumentación entrañan una comprensión y una praxis. Los conceptos a interpretar, aplicar y argumentar no son unívocos, presentan dificultades, dado que su análisis y determinación de significado viene en buena medida condicionada por la teoría de la argumentación y del derecho de la que se eche mano.[29]

Las características más importantes de la hermenéutica jurídica son:

- Su antipositividad: en cuanto considera que el derecho no son solo reglas dictadas por el legislador. El derecho es, sobre todo, una práctica social que se entiende necesariamente desde su interpretación y aplicación;
- La precomprensión: esto es, que la relación con un texto jurídico depende del contexto en el que se inscribe, necesita de experiencias previas, de prejuicios;

---

[28] ATWOOD, Roberto, *Diccionario jurídico,* México, Librería Bazán, 1981, p. 121.

[29] CÁRDENAS GRACIA, Jaime, *La argumentación como derecho,* México, UNAM, 2010, p. 3.

- La interpretación no puede verse en forma atomista y lineal, sino que es una actividad circular entre el texto normativo, el caso, el ordenamiento y el contexto; y,
- El sujeto de interpretación siempre está situado en una determinada perspectiva. El conocimiento jurídico es al mismo tiempo comprensión y praxis.[30]

1.5. FORMALISMO JURÍDICO

El formalismo jurídico se concibe como una teoría de la justicia y, en particular, son cuatro conceptos que lo definen:

- Lo que "es justo conforme a la ley; injusto lo que se aparta de ella".[31]
- Es una "determinada teoría del derecho, no una teoría de lo justo".[32]
- No es una concepción formal de la justicia, o de derecho como simple "forma", sino de la ciencia jurídica como disciplina formal, es decir, la función que realiza es determinar el nivel normativo de la norma que se pretende aplicar.[33]
- Con base en la interpretación formal del derecho "atribuye al juez un poder meramente declarativo del sentido de los textos.[34]

---

30 ATIENZA, Manuel, *Cuestiones judiciales*, México, Fontamara, 2001, pp. 105 y ss., citado por CÁRDENAS GRACIA, Jaime, *op. cit.*, nota 33, p. 3.

31 GARCÍA MÁYNEZ, Eduardo, *Positivismo jurídico, realismo sociológico y iusnaturalismo*, México, Fontamara, 1993, p. 27.

32 *Ídem.*

33 *Ibídem*, p. 33.

34 *Ibídem*, p. 34.

1.6. LAS ESCUELAS DE INTERPRETACIÓN

1.6.1. Escuela de los glosadores

Al final del siglo XI los juristas europeos "redescrubren" los antiguos textos del "derecho romano". Nacen las universidades y, con ellas, la enseñanza de la jurisprudencia. El resultado de estos sucesos fue el nacimiento de la ciencia jurídica europea, cuyos postulados sobreviven hasta nuestros días. Es claro que la idea de "orden jurídico" no existía en el siglo XI, pero esto no quiere decir que no existiera derecho entre los visigodos, francos, vándalos o entre cualquier otra nación medieval. El derecho de estas comunidades carecía de lo que hemos llamado de "reglas de reconocimiento" que permitieran diferenciarlos.[35]

La enseñanza del derecho en el medievo se hacía sobre la lectura de los textos de derecho romano y era seguida por la glosa o *glosase* del profesor. Las *glosase* eran copiadas por los estudiantes entre las líneas o al margen del texto. En esa *glosase* se fue acumulando la doctrina y habrían de alcanzar tanta autoridad como el texto mismo.[36]

El método dialéctico, recuperado de los griegos y desarrollado al principio del siglo XI en la jurisprudencia y por la teología, es la principal herramienta para saber "leer" e "interpretar" los materiales jurídicos disponibles y crear la un cuerpo consistente y completo (sin contradicciones y lagunas), llamado doctrina.[37]

---

[35] *Cfr.* TAMAYO Y SALMORÁN, Rolando, *Razonamiento y argumentación jurídica. El paradigma de la racionalidad y la ciencia del derecho,* México, Instituto de Investigaciones Jurídicas UNAM, 2003, Serie Doctrina Jurídica, núm. 121, p. 166.

[36] *Ibídem,* p. 166.

[37] *Ibídem,* p. 167.

1.6.2. Los postglosadores

Durante el siglo XII y a comienzos del siglo XIII el método de interpretación y explicación, creado por los glosadores, había sido adoptado en Francia tanto por civilistas como canonistas. Este método alcanzó su madurez con Jacobus de Revigny (1230-1296) y Bártolo de Sassoferrato (1257-1313). El caudal de glosas que comenzaron a realizarse se fue acumulando, durante más de siglo y medio, por lo que fue necesaria una comprensiva y ordenada sistematización de estas. Para entonces, las glosas accursianas, habían desbancado a todas las otras y eran asumidas como el derecho de los tribunales. La autoridad de la *glossa* se expresaba diciendo: *quidquid non agnoscit glossa nec agnoscit curia* (lo que no conoce la glosa, tampoco lo conoce el tribunal).[38]

1.6.3. Escuela de la exégesis

La escuela de la exégesis o exegética, también conocida como escuela tradicional, señala como principal característica el culto al texto de la ley y una absoluta creencia en su virtud.[39]

El culto a la ley tiene sus orígenes en Francia, dentro de un contexto ideológico del Estado de derecho burgués, del racionalismo, del liberalismo y del inicio del constitucionalismo moderno. Teniendo dos fases: su fundación entre los años 1804 a 1825, periodo al que pertenecen los grandes comentadores del Código napoleónico; y la decadencia entre los años 1880 y 1890.[40]

---

38 *Ibídem*, p. 172.

39 MORENO NAVARRO, Gloria, *Teoría del derecho*, México, McGraw-Hill, 1999, p. 100.

40 *Cfr.* TAMAYO Y SALMORÁN, Rolando, *op. cit.*, nota 15, p. 363.

Además, solo debía aplicarse bajo el supuesto de encontrarse ante una norma jurídica oscura o ambigua, ya que cuando la ley es clara, no es lícito eludir su letra con el pretexto de penetrar en su "espíritu". Las características fundamentales de la escuela son:

a) El culto del texto de la ley.

b) Considerar la voluntad del legislador como pauta suprema de interpretación. La ley es la voluntad, es el resultado de la "voluntad" del legislador.

1.6.4. Escuela histórica alemana

La escuela histórica floreció en Alemania durante el siglo XVIII, dedicándose a buscar toda clase de fuentes que ayuden a comprender y analizar el derecho romano. Nace en contra de la idolatría al texto de la ley, ya que el estudio del derecho no puede ser depositado en un libro solemne (como el Código de Napoleón), ni puede ser confiado a un número limitado de expertos, ya que este conocimiento debe pertenecer a todos los juristas teóricos y prácticos, porque el desarrollo de la ciencia jurídica depende de que la teoría este muy involucrada con la práctica, como lo hacían los juristas romanos clásicos.

Este es el método de la jurisprudencia romana clásica. Por ello, la legislación debe ser entendida como meras indicaciones. Se debe interpretar la legislación como disposiciones provisionales o, tan solo, como instrucciones dirigidas a los tribunales.

Esta escuela con sus conceptos basados en el derecho romano, incorporando el análisis histórico a la ciencia jurídica, adquirieron, con esto, un carácter sistemático e iniciaron la dogmática jurídica moderna bajo el modelo de la ciencia jurídica romana.

La importancia de esta escuela dio como resultado que otros países como Austria, Suiza, Francia, Rusia, Grecia e Italia se interesaran por este sistema de interpretación para la creación de sus propios movimientos científicos.

1.6.5. Escuela científica francesa

Esta escuela representa una crítica definitiva a los métodos tradicionales de interpretación de la ley y, a la vez, una concepción metodológica. Rechaza el fetichismo legalista, así como el riguroso conceptualismo. François Geny es el autor más distinguido de esta escuela; quien emprende una crítica al método tradicional de interpretación del derecho, primeramente, atacando la idea de identificar la ley escrita con el derecho, posición de varias escuelas, particularmente de la escuela de la exégesis.[41]

> La escuela es, principalmente, una reacción en contra de los procedimientos mecánicos de interpretación y aplicación del derecho. "A este respecto Geny considera que el jurista debe ser un hombre que medite sobre los datos de la naturaleza para organizar metódicamente el derecho y dirigir racionalmente la acción".[42]

El punto de partida es la distinción entre ciencia y técnica, la cual tiene como base la distinción entre el dato *(donné)* y lo construido *(construit)*. El dato formula la "regla de derecho", tal como resulta de la naturaleza de las cosas. Lo construido hace referencia al trabajo artificial que tiende a establecer la regla jurídica el precepto susceptible de "influir en la vida". Esto es, la ciencia tiene por objeto constar los datos de la naturaleza y los hechos, lo cuales pueden ser naturales, históricos, racionales o ideales. La técnica, por su

---

41 *Ibídem,* p. 378.

42 *Idem.*

parte, supone dos procedimientos: la creación de formas y la determinación de conceptos. Entre las formas se encuentran: las fuentes formales del derecho positivo (ley, costumbre, la jurisprudencia, la doctrina); y los conceptos, que son las operaciones fundamentales que lleva a cabo el jurista para la construcción del sistema positivo.

Dentro de sus características, se observa que la ley no es la única fuente del derecho, pero la más importante del derecho moderno. La ley no puede ser un mero producto racional, en su elaboración intervienen elementos irracionales, fácticos, psicológicos, biológicos, económicos, etcétera. Consideran un error oponer la interpretación gramatical a la interpretación lógica: ambas se completan. Tampoco se puede plantear una oposición entre texto y espíritu de la ley.[43] La interpretación debe realizarse mediante la "formula" del texto, la cual se deriva, a su vez, de elementos extraños a esta fórmula, es decir, la "voluntad del legislador".[44] En el momento que la "voluntad del legislador" se desprende del texto sin ser contradicha por ningún elemento exterior, esta determina la decisión del intérprete, suprimiendo cualquier otra interpretación.

La búsqueda de la "voluntad" legislativa, según el contenido mismo del texto implica una lógica íntima, inherente al lenguaje jurídico, sin la cual las palabras se mantendrían vacías de sentido. Esta lógica hace ver el texto de la ley, no como una proposición aislada, sino como una parte de todo el orden jurídico. Se debe recurrir a varios preceptos legales, tal vez disgregados en varios materiales jurídicos, para construir una disposición razonable.

---

43 *Ibídem,* p. 379.

44 *Ídem.*

1.6.6. Escuela del derecho libre

Nació con el objeto de atacar cualquier intento de tipo dogmático para interpretar los textos jurídicos; siendo la primera escuela que ofrece una explicación sobre la acción interpretativa, es decir, de lo que efectivamente realiza el juez cuando busca el sentido de la norma aplicable. Es encabezada en Alemania por Hermann Kantorowicz *y* Ernst Fuchs, quienes compartieron la tesis de abogar por una amplia libertad de la decisión y acción de los jueces, postulando que: los jueces debían llenar las "lagunas de la ley" mediante una actividad creadora libre, de conformidad con las demandas de la época y las convicciones sociales del pueblo y otorgando una especial consideración a las circunstancias particulares del caso. El juez al interpretar las normas, y ante la ausencia de un precepto aplicable, se le autoriza para ocupar el lugar del legislador, creando normas jurídicas con la finalidad de resolver un litigio.[45]

Dentro de sus características[46] se pueden resumir de la siguiente manera:

- La afirmación de que el juez debe realizar, precisamente por la insuficiencia de los textos, una labor personal y creadora.
- La tesis de que la función del juzgador ha de aproximarse cada vez más a la actividad legislativa.
- Los procedimientos de interpretación o integración son, en gran medida, ficticios. Se basan en la suposición, bastante subjetiva, de que existe un legislador que tiene las mismas intenciones del que emplea los métodos de interpretación. La razón no desempeña

---

45 MORENO NAVARRO, Gloria, *op. cit.*, nota 43, p. 111.

46 *Ibídem,* pp. 111 y ss.

> un papel determinante en los métodos de interpretación o en la búsqueda de argumentos para las decisiones judiciales. Este papel corresponde a la "voluntad". El procedimiento de interpretación revela que el intérprete escoge entre las premisas posibles aquellas que suministran conclusiones deseadas.

Esta escuela sostiene que, es errónea la idea formalista, de que la aplicación del derecho es una operación "lógica", mediante la cual, las reglas aplicables a un litigio son deducidas de conceptos generales de derecho, conceptos que, a su vez, son obtenidos "inductivamente" de la ley. La ciencia del derecho es una "fuente del derecho" al igual que el proceso legislativo; la cual, debe colmar las lagunas del derecho mediante la dirección de los postulados del derecho libre.

1.6.7. Escuela sociológica del derecho

Las escuelas tradicionales de interpretación del siglo XIX, (por ejemplo, la escuela de la exégesis o la científica francesa) concedían máxima importancia, para la práctica interpretativa, a los conceptos generales de la llamada ciencia jurídica, es decir, aquellas condensaciones empíricas que constituían las estructuras esenciales del funcionamiento del derecho. Por lo anterior, el jurista debía acatarse a tal forma de trabajo, extrayendo las soluciones a los problemas prácticos de interpretación e integración a partir de esos conceptos, por medio de lógica deductiva. Sin embargo, el método tenía el inconveniente que, en ocasiones, fuesen posibles varias construcciones diferentes, cada cual daba lugar a distintas soluciones.[47]

---

47 *Ibídem*, p. 113.

Para la jurisprudencia sociológica, el derecho no es pura lógica, sino que es esencialmente un instrumento para la realización de la vida social y de los fines humanos, dentro del: *"cause variante"* de la historia.

> El juez y el legislador deben conocer y tomar en cuenta el interés público, las necesidades concretas de la sociedad de su época y de su país, las doctrinas políticas que deben prevalecer y las convicciones sociales. La labor del jurista teórico, la del legislador y la del juez no deben limitarse a un proceso meramente lógico, sino que deben conocer, además, indispensablemente un conocimiento sociológico de las realidades actuales, la cual sirva como base de la formulación de las normas generales y de las individualizadas que se inspiren en los criterios de justicia.[48]

Para los juristas sociológicos, el objetivo del derecho es la justicia y el bienestar social. Por lo tanto, ninguna norma que en su resultado práctico se aparte de esa finalidad puede justificar su existencia. No se trata de desligar al juez de su deber de obediencia al orden jurídico positivo; sino que, cuando el juez se encuentre realizando la tarea de decidir hasta qué punto las normas existentes han de ser interpretadas extensiva o restrictivamente, debe inspirarse por las ideas de justicia y bienestar social, las cuales determinarán el método adecuado de interpretación y, aclararán, la dirección y el alcance de esas normas. La máxima preocupación de la "jurisprudencia sociológica" es averiguar cómo puede llegar a la elaboración de sentencias justas.

1.6.8. Realismo jurídico

Su antecedente se encuentra en la escuela sociológica del derecho. El movimiento realista del derecho, tanto escan-

---

48 *Cfr.* RECASENS SICHES, Luis, *op. cit.*, nota 8, p. 223.

dinavo como anglosajón, no constituyen en sí mismos escuelas jurídicas formalmente hablando. Lo que caracteriza a los *legal realists* es que van a centrar su atención, principalmente, a todos los hechos y fenómenos que se suscitan alrededor de todos los procesos que se siguen ante los tribunales judiciales y administrativos, excluyen de su enfoque a todas las actuaciones jurídicas, que llevan a cabo fuera de la circunscripción de los tribunales, como es el caso del procedimiento legislativo.[49]

Los juristas realistas consideran principalmente al fenómeno jurídico desde el punto de vista del abogado del foro, quienes consideran al derecho como un cuerpo de decisiones de los jueces, más que como un sistema de normas. Las normas jurídicas, tienen una influencia relativamente pequeña sobre las decisiones de los jueces, por lo que los juristas deben dirigir su atención a otros factores del procedimiento judicial. El movimiento del realismo jurídico tiende a darle un enfoque mucho más práctico al derecho; evidenciando que, frecuentemente, el auténtico razonamiento del juez no es el que establece en su sentencia (supuestamente hecha de forma lógica a través del silogismo judicial), sino que es otro su "razonamiento", el cual mantiene "oculto", aunque plenamente justificado y correcto, y que es en realidad el que lleva al órgano jurisdiccional a pronunciar una determinada decisión y no otra.[50]

1.6.9. Escuela analítica

La filosofía del siglo XX, puede decirse, ha sido, en buena parte, la filosofía del lenguaje, lo que no quiere decir

---

49 MORENO NAVARRO, Gloria, *op. cit.*, nota 43, p. 114.

50 *Cfr.* RECASENS SICHES, Luis, *op. cit.*, nota 8, p. 227.

que el lenguaje, como objeto de estudio, no haya preocupado con anterioridad a la ciencia y a la filosofía. Fue David Hume (1711-1775) quien observó que las palabras se habían despegado de los objetos y fenómenos; el mundo humano había dejado de ser el de la relación con los objetos, para convertirse en el mundo donde las cosas son lo que, en realidad, el lenguaje dice que son.[51] De modo que el mundo del ser humano, el mundo del sentido, está poblado de ficciones, de construcciones mentales, de producciones culturales; y pocos sectores del mundo deben estarlo más que el derecho.[52]

Los juristas analíticos, partiendo de que lenguaje jurídico es un ejemplo de la expresión, a través de las palabras, de una parte definida del mundo, siguiendo a Kelsen, han hecho hincapié en la diferencia entre "discurso del derecho" y "discurso jurídico"; esto es, entre "normas" y "reglas de derecho". Sostienen que la ciencia jurídica, es, o debería ser, solamente, la que describe las normas jurídicas. El método de esta ciencia, por lo tanto, debe ser el que conduzca a esa descripción, evitando toda forma de prescripción en el discurso científico y evitando, por supuesto, toda forma de intervención de la ideología o sentimientos de los juristas.[53] La jurisprudencia analítica expone,[54] en relación con la interpretación, que:

1. Existen dos tipos de interpretación: la positiva (que es la realizada por un órgano reconocido por el para realizar esta tarea, por ejemplo, legisladores, jueces o tribunales) y la doctrinal (la realizada por

---

51 *Cfr.* CORREAS, OSEAR, *Metodología Jurídica. Una introducción filosófica 1,* México, Fontamara, 2003, p. 127.

52 *Ibídem,* p.139.

53 *Ibídem,* p. 153.

54 MORENO NAVARRO, Gloria, *op. cit.,* nota 48, p. 117.

los juristas con el propósito de acrecentar el conocimiento jurídico).

2. La interpretación se da cuando existe una indeterminación en el significado de aplicación de la norma, es decir, el lenguaje jurídico es confuso, contradictorio u omiso.
3. No obstante, de la indeterminación de significado de la norma a interpretar, ésta, normalmente, se resuelve mediante un "acto de aplicación" del órgano respectivo.
4. En el acto de interpretación se dan varias posibilidades de solución, lo que da como consecuencia que el sistema jurídico sea completado en sus lagunas por la discrecionalidad del juez.
5. Resuelta la laguna, el derecho cumple con su "principio de completitud", por lo que cualquier acto que complete regularmente el orden jurídico, será el que determine el sentido o significado que tenga el lenguaje de la norma a interpretar.
6. La jurisprudencia analítica se desinteresa de los posibles motivos o causas que lleven a la "discrecionalidad del juez" a tomar una u otra decisión, lo que le interesa es que mediante reglas de derecho y conforme al derecho positivo, sea resuelto el problema de indeterminación del derecho.
7. Esta teoría postula la separación entre la teoría del derecho con la ética, la política, economía y demás disciplinas descriptivas de la conducta humana en los actos de interpretación del derecho.

Segunda parte

LA ARGUMENTACIÓN JURÍDICA

2.1. RETÓRICA Y ARGUMENTACIÓN

Platón señala que la retórica es "el poder de persuadir mediante sus discursos a los jueces en los tribunales, a los senadores en el Senado y al pueblo en las asambleas; en una palabra, convencer a todos los que componen cualquier clase de reunión política".[55]

Chaïm Perelman señala que "se debe tratar igual a los seres pertenecientes a la misma categoría"[56] y para demostrar quienes son seres pertenecientes a una misma categoría y quienes no lo son se debe de argumentar, es decir, persuadir mediante la dialéctica y la retórica, al auditorio que va dirigida la argumentación, y demostrar qué personas pertenecen a una misma categoría y por qué y con base en qué se sostiene la postura.

Los argumentos retóricos "no tratan de establecer verdades evidentes, pruebas demostrativas, sino de mostrar el carácter razonable, plausible, de una determinada decisión u opinión; por eso, en la argumentación es fundamental la referencia a un auditorio al que se trata de persuadir".[57]

---

55 PLATÓN, *Diálogos 11, Gorgias* o *de la retórica,* tercera edición, trad. de Ivonne Said Martínez, México, Grupo Editorial, 2010, p.132.

56 ATIENZA, Manuel, *Las razones del derecho, teorías de la argumentación jurídica,* México, UNAM, 2011, p. 83.

57 *Ibídem,* p. 48.

Toulmin establece que, la argumentación es "la actividad total de plantear pretensiones, ponerlas en cuestión, respaldarlas produciendo razones, criticando esas razones, refutando esas críticas".[58]

Habermas menciona que, argumentar es "un acto de habla, es un medio para conseguir un entendimiento lingüístico, es el fundamento de una comunidad intersubjetiva donde se logra un consenso que se apoya en un saber proporcional compartido, en un acuerdo normativo y una mutua confianza en la sinceridad subjetiva de cada uno".[59]

Insistimos, la argumentación es: una actividad que consiste en dar razones a favor o en contra de una determinada tesis, que se trata de sostener o refutar.

Los estudios de argumentación, en general, "se encargan de la corrección formal del razonamiento, pero también del uso adecuado del lenguaje, la persuasión y detección de falacias, de forma que se está volviendo a reconocer la necesaria complementariedad. Así, la retórica en la actualidad forma parte de la argumentación, como la disciplina que se encarga de la producción de argumentos válidos y persuasivos en un contexto de debate o de producción de discursos".[60] El citado autor distingue las funciones principales de la argumentación jurídica:

La corrección formal del razonamiento, es decir, para argumentar se debe de tener un razonamiento correcto y estructurado con base en sus formalidades; de ahí parte una buena argumentación, de la calidad de sus razonamientos.

---

58 *Ibídem*, p. 83.

59 *Cfr.* GALINDO SIFUENTES, Ernesto, *Argumentación jurídica, técnicas de argumentación del abogado y del juez*, México, Porrúa, 2008, p. 2.

60 *Cfr.* WESTON, Anthony, *Las claves de la argumentación*, décimo cuarta edición, trad. de Jorge F. Malem, Barcelona, Ariel, 2008, pp. 11 y ss.

El lenguaje es relevante para la argumentación, ya que "de no emplearse los signos de comunicación adecuados, la idea o la postura, jamás podrá externarse de manera adecuada y por ende no se podrá presentar como esta maquilada en el cerebro".[61]

La persuasión implica que, la persona explica, desde su propia perspectiva y ángulo, ante un auditorio que se trata convencer.

La detección de falacias es una actividad trascendental en el arte de argumentar, pues si aparecen falacias dentro del argumento, la calidad no es del todo buena y se puede perder el sentido del razonamiento, sin que por ello un argumento falaz deje de ser persuasivo.[62]

En principio, pueden distinguirse tres distintos campos de textos jurídicos en que se efectúan argumentaciones. El primero de ellos es, el de la producción o establecimiento de normas jurídicas; en el segundo, la aplicación de normas jurídicas a la resolución de casos, bien sea esta una actividad que llevan a cabo jueces en sentido estricto, órganos administrativos en el más amplio sentido de la expresión o simples particulares; en el tercero, en que los argumentos jurídicos están en la dogmática jurídica. [63]

En el primer campo, se puede argumentar la necesidad de crear un ordenamiento jurídico para regular un problema social que se presenta y cuya solución se cree, podrá establecerse por medio de normas jurídicas; en el segundo, la actividad de aplicar normas no debe de realizarse de manera aislada del contexto que provoca el caso en concreto;

---

61 *Cfr.* GONZÁLEZ RUIZ, Samuel, *Código semiótico y teorías del derecho*, México, DJC, 2004, pp. 86 y ss.

62 *Ídem.*

63 ATIENZA, Manuel, *op. cit.*, nota 59, pp. 1 y ss.

y, en el tercer punto, define a la dogmática jurídica como la "actividad compleja en la que cabe distinguir tres funciones:

1) Suministrar criterios para la producción del derecho en las diversas instancias en que ello tiene lugar;
2) Suministrar criterios para la aplicación del derecho; y,
3) Ordenar y sistematizar un sector del ordenamiento jurídico".[64]

Una de las funciones de la argumentación es que:

> permite (…) entender al derecho como una técnica de solución de conflictos prácticos, como un instrumento que nos auxilia para perfeccionar el ordenamiento jurídico en cada decisión de autoridad, orientando esa actividad hacia objetivos sociales valiosos a través del respeto a principios y valores racionales y razonablemente comprometidos con los derechos humanos, los principios democráticos y el Estado de derecho.[65]

2.2. TIPOS DE ARGUMENTOS

La necesidad de argumentar jurídicamente se basa en conseguir, a través del texto de la ley, de las tesis judiciales, de la costumbre, de la doctrina, o de motivos y puntos de vista razonables, la aceptación de decisiones, ordenes, castigos, etcétera, dictadas por las autoridades jurisdiccionales o administrativas. Entendiendo por argumentar el acto de brindar las razones que justifiquen un acto emitido por una autoridad.[66] Por tanto, es necesario establecer, someramente, cuáles son las tipologías que existen en la argumentación.

---

64 *Ibídem*, p. 6.

65 CÁRDENAS GRACIA, Jaime, *op. cit.*, nota 33, p. 25

66 ATIENZA, Manuel, *op. cit.*, nota 59, p. 19.

2.2.1. Argumentos apodícticos

Los argumentos apodícticos son aquellos que "versan sobre los preceptos jurídicos aplicables, la doctrina y la jurisprudencia".[67] El argumento apodíctico, en otras palabras: "es demostrativo ya que implica un silogismo, que se deduce de una conclusión a partir de principios primeros y verdaderos, y de otra serie de proposiciones deducidas por silogismo a partir de principios evidentes, ya que conoce la esencia de las cosas a través de conocimiento de sus causas".[68]

2.2.2. Argumentos dialécticos

Para Aristóteles, este argumento es una forma no demostrativa de conocimiento, es decir, probable. En ese camino, el silogismo dialéctico es no ostensible, ya que las premisas solo parecen probables, es decir, un procedimiento racional no demostrativo.

Y, finalmente, el argumento sofístico o erístico, entendido como un razonamiento caviloso, incierto y ensimismado dotado de conclusiones ambiguas, equívocas y paradójicas. Este tipo de argumento implica una habilidad dudosa, para refutar o sostener al mismo tiempo tesis contradictorias.[69]

Los argumentos dialécticos son aquellos que "tratan acerca de todos los aspectos demostrables en la consideración del objeto materia de la litis y se integran por todos los esfuerzos probatorios de los hechos realizados por las partes".[70]

---

67 SIFUENTES GALINDO, Ernesto, *Argumentación jurídica, técnicas de argumentación del abogado y del juez*, México, Porrúa, 2008, p. 21.

68 SUÁREZ ROMERO, Miguel Ángel, y CONDE GAXIOLA, Napoleón, *Argumentación jurídica*, México, Facultad de Derecho UNAM, p. 28.

69 *Ídem*, p. 28.

70 SIFUENTES GALINDO, Ernesto, *op. cit.*, nota 70, p. 22.

2.2.3. Argumentos deductivos y no deductivos

Un argumento es deductivo si coincide con el silogismo, dado que algunas cosas son consecuencia necesaria de otras, es decir, se deducen. En ese sentido el silogismo perfecto es la deducción perfecta, ya que las premisas contienen todo lo necesario para la deducción y la conclusión. Aquí hay tres enunciados, dos de las cuales son premisas y una tercera es conclusión.[71]

El argumento no-deductivo es en el que no existe el silogismo, es decir, es aquella estructura discursiva en el cual una vez planteadas algunas cosas, existe una interrupción o ausencia de necesidad. En el argumento deductivo no hay una articulación entre el antecedente y el consecuente, lo universal y lo particular, la premisa y la conclusión.[72]

2.2.4. Argumentos retóricos

Los argumentos retóricos son aquellos que "se proponen persuadir al receptor de la tesis que se sostiene".[73] "Es de corte erístico ya que parte de un conjunto de premisas, supuestamente probables, pero en esencia no lo son".[74]

2.2.5. Argumento a rubrica y argumento psicológico

Un argumento a rúbrica se da en función del título o rubro que indica un razonamiento determinado en relación con

---

71 SUÁREZ ROMERO, Miguel Ángel, y CONDE GAXIOLA, Napoleón, *op. cit.*, nota 71, p. 32.

72 SUÁREZ ROMERO, Miguel Ángel, y CONDE GAXIOLA, Napoleón, *Argumentación jurídica*, México, Facultad de Derecho UNAM, p. 32.

73 SIFUENTES GALINDO, Ernesto, *op. cit.*, nota 70, p. 22.

74 SUÁREZ ROMERO, Miguel Ángel, y CONDE GAXIOLA, Napoleón *op. cit.*, nota 71, p. 28.

un hecho específico. Esto implica, la atribución de significado a un determinado anunciado, que está en relación con la rúbrica que encabeza el grupo de artículos, en el que dicho enunciado normativo se ubica.[75]

El argumento psicológico se refiere a la voluntad del legislador para llevar a cabo una determinada actividad, es decir, a qué intereses sirve en tanto sujeto determinado.[76]

2.2.6. Argumento sedes materiae y argumento ab autorictate

El argumento *sedes materiae* implica el lugar concreto y la sede topográfica que tiene en tanto enunciado normativo, es decir, "*es aquel por el que la atribución de significado a un enunciado dudoso se realiza a partir del lugar que ocupa en el contexto normativo del que forma parte*".[77]

2.3. CRITERIOS PARA SOLUCIONAR LAS ANTINOMIAS

La antinomia proviene del griego *anti,* contra, y *nomos,* que significa ley; por tanto, es una contradicción entre dos tesis que se excluyen mutuamente. La antinomia jurídica requiere de dos elementos para que se dé, el primero, es que las normas deben pertenecer al mismo ordenamiento y, el segundo, las normas deben pertenecer al mismo ámbito de validez.[78]

---

75 *Ibídem,* p. 33.

76 *Ídem.*

77 EZQUIAGA GANUZAS, F. J., *La argumentación en la justicia constitucional española,* Bilbao, Instituto Vasco de Administración Pública, 1987, p. 183, citado por SUÁREZ ROMERO, Miguel Ángel, y CONDE GAXIOLA, Napoleón, *op. cit.*, nota 71, p. 33.

78 *Cfr.* CÁRDENAS GRACIA, Jaime *op. cit.*, nota 33, p. 126.

Los tribunales de la federación han establecido que antinomia es la situación en que dos normas pertenecientes a un mismo sistema jurídico, que concurren en el ámbito temporal, espacial, personal y material de validez, atribuyen consecuencias jurídicas incompatibles entre sí a cierto supuesto fáctico, y esto impide su aplicación simultánea.[79]

2.3.1. *Su contexto en el derecho mexicano*

Para resolver las antinomias o conflictos normativos, los tribunales de la federación han precisado que, previo a declarar la existencia de una colisión normativa, el juzgador debe recurrir a la interpretación jurídica, con el propósito de evitarla o disolverla; sin embargo, en caso de que no sea posible debe emplear criterios de solución de antinomias, son:

- Criterio jerárquico (*lex superior derogat legi inferiori*), ante la colisión de normas provenientes de fuentes ordenadas de manera vertical o dispuesta en grados diversos en la jerarquía de las fuentes, la norma jerárquicamente inferior tiene la calidad de subordinada y, por tanto, debe ceder en los casos en que se oponga a la ley subordinante;
- Criterio cronológico (*lex posterior derogat legi priori*), en caso de conflicto entre normas provenientes de fuentes jerárquicamente equiparadas, es decir, dispuestas sobre el mismo plano, la norma creada con anterioridad en el tiempo debe considerarse abrogada tácitamente y, por tanto, ceder ante la nueva; y,

[79] Tesis: I.4o.C.220 C, Semanario Judicial de la Federación y su Gaceta, Novena Época, t. XXXI, febrero de 2010, p. 2788.

- Criterio de especialidad (*lex specialis derogat legi generali*), ante dos normas incompatibles, una general y la otra especial (o excepcional), prevalece la segunda, el criterio se sustenta en que la ley especial substrae una parte de la materia regida por la de mayor amplitud, para someterla a una reglamentación diversa (contraria o contradictoria).
- Criterio de competencia, aplicable bajo las circunstancias siguientes: a) que se produzca un conflicto entre normas provenientes de fuentes de tipo diverso; b) que entre las dos fuentes en cuestión no exista una relación jerárquica (por estar dispuestas sobre el mismo plano en la jerarquía de las fuentes), y c) que las relaciones entre las dos fuentes estén reguladas por otras normas jerárquicamente superiores, atribuyendo a cada una de ellas una diversa esfera material de competencia, de modo que cada una de las dos fuentes tenga la competencia exclusiva para regular una cierta materia.
- Criterio de prevalencia, este mecanismo requiere necesariamente de una regla legal, donde se disponga que, ante conflictos producidos entre normas válidas pertenecientes a subsistemas normativos distintos, debe prevalecer alguna de ellas en detrimento de la otra, independientemente de la jerarquía o especialidad de cada una; y,
- Criterio de procedimiento, se inclina por la subsistencia de la norma, cuyo procedimiento legislativo de que surgió, se encuentra más apegado a los cánones y formalidades exigidas para su creación.[80]

---

80 Tesis: I.4o.C.220 C. Semanario Judicial de la Federación y su Gaceta, Novena Época, t. XXXI, febrero de 2010, p. 2788.

No obstante, si ninguno de estos criterios soluciona el conflicto normativo, se debe recurrir a otros, siempre y cuando se apeguen a la objetividad y a la razón. En esta dirección, se encuentran los siguientes:

1) Inclinarse por la norma más favorable a la libertad de los sujetos involucrados en el asunto; por ejemplo, en el supuesto en que la contienda surge entre una norma imperativa o prohibitiva y otra permisiva, deberá prevalecer esta última. Este criterio se limita al caso de una norma jurídica bilateral que impone obligaciones correlativas de derechos, entre dos sujetos, porque para uno de ellos, una norma le puede ser más favorable, mientras que a la otra norma favorecerá más la libertad de la contraparte.
2) Se debe decidir a cuál de los dos sujetos es más justo proteger o cuál de los intereses en conflicto debe prevalecer.
3) Criterio en el cual se elige la norma que tutele mejor los intereses protegidos, de modo que se aplicará la que maximice la tutela de los intereses en juego, lo que se hace mediante un ejercicio de ponderación, el cual implica la existencia de valores o principios en colisión; y,
4) Criterio basado en la distinción entre principios y reglas, para que prevalezca la norma que cumpla mejor con alguno o varios principios comunes a las reglas que estén en conflicto.[81]

---

[81] Tesis: I.4o.C.220 C. Semanario Judicial de la Federación y su Gaceta, Novena Época, t. XXXI, febrero de 2010, p. 2788.

Nótese que, en los puntos anteriores, es decir, del 1 al 4, subyace el principio *pro persona*, como criterio de interpretación jurídica en favor del gobernado.

2.4. TIPOLOGÍA DE LAS FALACIAS

La falacia o sofisma es "*una reputación aparente, a través del cual se quiere defender algo falso y confundir al adversario*".[82]

Aristóteles señala que hay dos clases de falacias:

a) Lingüísticas, cuyas causas son la *homonimia* o equivocación, la *anibolía*, la falsa conjunción, la falsa disyunción o separación y la falsa acentuación. La primera, se relaciona a la incertidumbre de un término determinado; la segunda, se refiere al enigma e imprecisión de un determinado enunciado; la tercera, se relaciona con la reunión errónea de un conjunto de términos; la cuarta, es la separación errónea de un conjunto; y, la quinta, es la equivocada acentuación de términos.

b) Extralingüísticas. Se relacionan con la confusión de lo relativo con lo absoluto, petición de principio y la reunión de varias cuestiones en una. La confusión de lo relativo con lo absoluto es el uso de una expresión de un sentido absoluto a partir de un significado relativo. La petición de principio es una falacia que implica probar de manera absurda lo que no es evidente por sí mismo, mediante ello mismo. Finalmente, la reunión de varias cuestiones se presenta cuando alguien quiere demostrar una sumativa de

82 SUÁREZ ROMERO, Miguel Ángel, y CONDE GAXIOLA, Napoleón, *op. cit.*, nota 71, p. 36.

algo, queriendo tener validez de conjunto, cuando solo tiene validez individual.

2.5. LOS PRINCIPIOS

Si por medio de la aplicación del método analógico no es posible encontrar la solución al caso concreto, el órgano jurisdiccional está obligado a recurrir a otro procedimiento de integración, es decir, los principios generales del derecho.

El vocablo principio proviene del latín *principium*, y significa: base, origen, razón fundamental sobre el cual se procede discurriendo en cualquier materia.

Dos son los argumentos principales para reconocer a los principios generales del derecho como normas:[83]

- Deben ser normas aquellas sentencias que se deducen de los principios generales, gracias a que acudimos a un procedimiento de generalización sucesiva.
- La función para la cual se deducen y se adoptan es la misma que se lleva a cabo para todas las normas, o sea la función de regular un caso concreto.

Ronald Dworkin explica que, dentro del derecho existen pautas distintas de las reglas, estas pautas son los principios. El citado autor refiere que principio es: "todo el conjunto de estándares – que no son normas- que apuntan siempre a decisiones exigidas por la moralidad o impelentes de objetivos que han de ser alcanzados".[84] Para él, las reglas y los

---

83 *Cfr.* BOBBIO, Norberto, *Teoría general del derecho*, trad. Jorge Guerrero R. segunda edición, Colombia, Themis, 2002, p. 239.

84 Citado por ISLAS MONTES, Roberto, en Principios Jurídicos, *Anuario de derecho constitucional latinoamericano*, Montevideo, Año XII, 2011, p. 398, , consultado el 10 de agosto de 2017:

principios son diferentes, pues aquellas son aplicables a la manera del todo o nada, es decir, si se dan los hechos que establece la regla, entonces es válida y, por tanto, la respuesta de la norma a la problemática planteada debe ser aceptada; sin embargo, si la regla no contribuye a dar respuesta a la problemática, no lo es. En relación con los principios explica que, estos tienen elementos que no contienen las reglas; de ahí que no tengan la misma dimensión; en otras palabras, los principios tienen la dimensión de peso y de importancia que las reglas no tienen.

Por su parte, Robert Alexy dice que, los principios "son mandatos de optimización que ordenan que algo sea realizado en la mayor medida posible dentro de las posibilidades jurídicas y reales existentes".[85]

Mientras que, para Manuel Atienza los principios "son normas de carácter muy general que señalan la deseabilidad de alcanzar ciertos objetivos o fines de carácter económico, social, político, etcétera, o bien exigencias de tipo moral".[86] Son normas muy generales y abarcan determinados sectores sociales.

2.5.1. Principios y normas desde la perspectiva de Dworkin

A partir de los setenta se ha presentado al interior de la filosofía del derecho un debate que ha hecho hincapié en la distinción entre principios y normas, así como su corres-

---

«http://www.juridicas.unam.mx/publica/librev/rev/dconstla/cont/2011/pr/pr26.pdf».

85 Citado por ISLAS MONTES, Roberto, en Principios Jurídicos, *op. cit.*, nota 89.

86 *Ídem.*

pondiente justificación.[87] La idea fundamental del debate radica en una crítica al positivismo jurídico, al afirmar que este es incapaz de explicar la presencia en el derecho de los "principios". Cabe señalar que, el ataque que se realiza al positivismo se encuadra en un conjunto de cuestionamientos de mayor calado, a los cuales se les ha denominado como: "la crisis del positivismo jurídico", que en síntesis puede explicarse a través del cuestionamiento a la versión fuerte de las fuentes sociales del derecho.[88]

---

87 DWORKIN, Ronald, *Los derechos en serio*, Barcelona, Ariel, 2009 (título original *Taking Rights Seriously*, 1977); Alexy, Robert, *El concepto y la validez del derecho*, Barcelona, Gedisa, 1994; Alexy, Robert, *Teoria de los derechos fundamentales*, Madrid, Centro de Estudios Constitucionales, 1993; Guastini, Riccardo, *Teoria e ideología de la interpretación constitucional*, Madrid, Trotta, 2010; *Estudios de teoría constitucional*, Mexico, Fontamara, 2007; Zagrebelsky, Gustavo, *El derecho dúctil*, Madrid, Trotta, 2007; *et. al.*

88 De acuerdo con dicha versión, puede identificarse aquello que el derecho es, con completa independencia de los juicios sobre lo que debería ser, de forma que las consideraciones basadas en juicios de valor no intervienen a la hora de determinar cuál es el derecho en una comunidad. Dicho en otras palabras, la versión fuerte proporciona a los operadores jurídicos razones que son independientes del contenido de las prescripciones, por lo que se excluye la deliberación sobre las razones a favor o en contra de realizar la acción prescrita. En síntesis, la versión fuerte sobre las fuentes del derecho señala que el contenido y existencia del derecho solo apela a los hechos sociales sin tener que recurrir a la moralidad ni a los juicios evaluativos. Rodenas, Ángeles, «¿Qué queda del positivismo jurídico?», *Doxa*, España, Universidad de Alicante, No. 26. Es de indicarse que del lado del positivismo también han existido versiones de contrarréplica. La crítica que se le ha hecho al positivismo ha generado modernas reformulaciones de esta corriente teórica, por ejemplo el positivismo excluyente enfatizaría los rasgos discordantes de ambas concepciones, excluyendo que cualquier consideración valorativa puede determinar la existencia y el contenido del Derecho; por su parte, el positivismo incluyente, se acerca ligeramente hacia la concepción de Dworkin, dando cabida a las consideraciones valorativas para identificar al Derecho, pero sin renunciar al trazar una línea de

El posicionamiento primario de la crítica lo apreciamos en Ronald Dworkin en su texto "Los derechos en serio", donde se propuso hacer un ataque general contra el positivismo y, en lo particular, a la versión de H.L.A Hart. El punto sustantivo que Dworkin deja de manifiesto es que cuando los juristas razonan o discuten sobre los derechos y obligaciones jurídicas, especialmente, en aquellos casos difíciles en que nuestros problemas, con tales conceptos, parecen agudizarse más, echan mano de estándares que no funcionan como normas, sino que operan de manera diferente, como principios, directrices políticas y otro tipo de pautas.

Desde la perspectiva de Dworkin existen claros ejemplos de la existencia de principios dentro de los sistemas jurídicos. Para dejar de relieve tal afirmación retoma un caso emblemático de un tribunal de Nueva York: "Riggs vs Palmer", donde se tenía que determinar si un heredero designado en el testamento de su abuelo podía heredar, en virtud de ese testamento, aunque para hacerlo hubiera asesinado al abuelo.[89] El punto que tenía que decidir el órgano jurisdiccional era, si alguien se podía aprovechar de su propio fraude, o sacar partido de su propia injusticia o fundar demanda alguna sobre su propia inequidad o adquirir propiedad por su propio crimen. Al final del

---

separación (conceptual) entre el Derecho y la moral. Para abundar véase: Bautista Etcheverry Juan, *El debate sobre el positivismo jurídico incluyente. Un estado de la cuestión*, México, UNAM, 2006; Vega Gómez, XXXVII, No. 110, mayo-agosto de 2004, pp. 709-739.
H.L.A. Hart, *El concepto de derecho*, Buenos Aires, Abeledo-Perrot, 1968.

89 Para consultar el caso *Cfr.* "Philo Riggs, as Guardian ad Litem et. al., Appellants vs Elmer E. Palmer et al., Respondents", Tribunal de Apelaciones de Nueva York, presentado el 21 de junio de 1989, decidido el 8 de octubre de 1889, consultado el 25 de agosto de 2017, «http://www.courts.state.ny.us/reporter/archives/riggs_palmer.htm».

día el tribunal determinó que el asesino no recibiera la herencia.

El anterior ejemplo deja claras algunas ideas fundamentales en el pensamiento de Dworkin. En primer lugar, se puede observar que la extracción de ciertos principios, como el que nadie puede aprovecharse de su propio fraude, se obtiene a partir de casos concretos de los cuales conoce un ente judicial, es decir, se pueden identificar con lo que el propio autor denomina *"hard cases"* o casos difíciles. En segundo lugar, se asocian los principios a estimativas convenientes o pertinentes dentro de un sistema jurídico, que no necesariamente derivan de los hechos sociales, como señala Hart, sino de una convicción ético-valorativa del propio operador jurídico, en ese caso un juzgador.

En este sentido, es cuando identificamos en la obra de Dworkin un acercamiento conceptual a lo que él entiende por principios. Le denomina principio a un estándar que ha de ser observado, no porque favorezca o asegure una situación económica, política o social que se considera deseable, sino porque es una exigencia de la justicia, la equidad o de alguna otra dimensión de la justicia. Los principios jurídicos son proposiciones morales que están expresadas en o implicadas por actos pasados de oficiales (leyes, decisiones judiciales y clausulas constitucionales). Este es el punto central en la identificación de los principios; la consideración fuerte es que los principios no son reglas al estilo: Si "A" comete "B", entonces "C", es decir, como opera normalmente lo que conocemos como silogismo jurídico, sino son parámetros que tienden a colmar un espacio situado en el espacio de la justicia.[90]

---

[90] La fórmula más ejemplificativa del silogismo jurídico es: premisa mayor se obtiene de una norma), premisa menor (se obtiene de

Como observamos, el funcionamiento de las reglas opera de una forma de "todo o nada" (si una regla aplica es definitiva para decidir el caso), en cambio, los principios pueden aplicarse a un caso sin ser definitivos. Los principios tienen "peso" para favorecer un resultado; de tal forma que, puede haber principios que favorecen resultados contradictorios en una misma cuestión jurídica.[91]

Es aquí donde encontramos otro de los elementos fundamentales en la teoría de Dworkin: el argumento de peso. Distinguir *prima facie*, lo que es el argumento de peso, es una tarea compleja que, de acuerdo con Dworkin, solo se puede identificar hasta el momento en que se lleva a cabo la interpretación del principio en el contexto de una situación determinada. En este sentido, la dimensión de peso se muestra cuando se habla de contraejemplos y no de excepciones. Bajo esta consideración, mientras que las reglas no se aplican en casos de excepción, un ejemplo no elimina la posibilidad de considerar un principio. Por el contrario, cuando se recurre a principios, como recurso argumentativo, un contraejemplo significa que es posible para el juez o para el abogado hacer valer dos argumentos para dos posibles soluciones.

La anterior consideración nos lleva al terreno donde los principios no se invalidan el uno al otro, sino que, simplemente, ofrecen más de una opción para resolver un caso concreto. En este sentido, difieren de manera importante en su operación con las normas, ya que estas, ante un escenario donde se puedan aplicar dos normas a un mismo caso, impera el principio de validez o invalidez de una de las

---

un hecho fáctico) y consecuencia o conclusión (se obtiene de la subsunción del hecho fáctico a la norma).

91 BIX, Brian H., *Filosofía del Derecho: ubicación de los problemas en su contexto*, México, UNAM, 2010, pp. 113-114.

de ellas. En síntesis, no existe el argumento de peso para la operación de las normas.

Finalmente, Dworkin distingue otro tipo de pautas a las cuales les denomina “principios de directrices políticas”, estas proponen un objetivo que ha de ser alcanzado, generalmente alguna mejora en algún rasgo económico, político o social de la comunidad. Dworkin indica que las directrices se pueden subsumir dentro de los principios y que, además, ambos sirven como argumentos para las razones judiciales, aunque las directrices solo en casos de excepción.[92]

El modelo argumentativo de Dworkin, que establece la separación entre normas y principios, así como la operatividad de estos es enriquecido por Robert Alexy quien dará mayores elementos para sostener la necesidad de esta distinción, además, otorgará un valor importante a cuestiones como: la argumentación, la ponderación y la operatividad de los principios.

2.5.2. Principios y normas desde la perspectiva de Alexy

Alexy estima que, tanto las reglas como los principios pueden concebirse como normas. De lo que se trataría es de una distinción entre clases de normas. De acuerdo con su perspectiva, el punto trascendental de tal distinción radica en que, los principios son mandatos de optimización mientras que las reglas son mandatos definitivos.

Para esclarecer el concepto de mandatos de optimización, que es punto decisivo para la distinción entre normas

---

92 En este sentido Dworkin indica que si bien es cierto tanto principios como directrices políticas son parte de un conjunto de pautas similares, el juez debe acudir *prima facie* a los principios y, en casos excepcionales a las directrices, en tanto que estas segundas están reservadas al ámbito específico del legislador.

y principios, Alexy señala que los principios son normas que ordenan que algo sea realizado en la mayor medida posible, dentro de las posibilidades jurídicas y fácticas existentes.[93] Es decir, los mandatos de optimización están caracterizados por el hecho de que pueden ser cumplidos en diferentes grados y que la debida medida de su cumplimiento no solo depende de las posibilidades reales, sino también de las jurídicas.

Bajo la misma línea argumentativa de Dworkin, Alexy indica que, mientras los principios tienen un espacio de generalidad, en tanto que su cumplimiento deviene del grado de estos o del peso específico de acuerdo con el contexto, las normas solo pueden ser cumplidas o no, es decir, estas son mandatos definitivos que exigen determinaciones en el ámbito factico y jurídico. Su aplicación es una cuestión de todo o nada.[94]

Los principios son normas que ordenan que algo sea realizado en la mayor medida posible, de acuerdo con las posibilidades jurídicas y fácticas, en este sentido los principios son susceptibles de ponderación. La ponderación, de acuerdo con Alexy, es la forma de aplicación del derecho que caracteriza a los principios.[95] En cambio, las reglas son normas que siempre son satisfechas o no. Las reglas no son

---

93 ALEXY, Robert, *El concepto y la validez del derecho,* Barcelona, Gedisa, 1994, p. 162.

94 *Ídem.*

95 De acuerdo con José Juan Moreso, la dimensión de peso configura el núcleo central de la ponderación, es decir, existen principios que tienen más peso que otros, lo que no quiere decir que sea alguno de los principios invalido. Moreso, José Juan, «Alexy y la aritmética de la ponderación», *Derechos Sociales y Ponderación,* Madrid-México, 2010, Fontamara, pp. 226 y ss. Para abundar sobre el concepto de ponderación véase: Bernal Pulido, Carlos, «Estructura y Limites de la ponderación», *Doxa,* no 26. 2003.

susceptibles de ponderación y tampoco la necesitan. La subsunción es para ellas la forma característica de aplicación del derecho.[96]

Según Alexy, los conflictos entre reglas solo pueden ser solucionados introduciendo en una de las reglas una cláusula de excepción que elimina el conflicto o declarando invalida por lo menos una de las reglas. Esto se puede hacer mediante procedimientos de *lex posterior derogat legi priori* o *lex specialis derogat legi generali*, pero también es posible proceder de acuerdo con la importancia de las reglas en conflicto.[97]

Por su parte, las colisiones de principios deben ser solucionadas de manera distinta,[98] por lo que uno de los principios debe ceder ante el otro. La dimensión fundamental para determinar qué principio es el que va a prevalecer es el de peso y no el de validez. Como observamos, la tesis de Alexy retoma el argumento de Dworkin en torno al peso de los principios.

Alexy ejemplifica esta consideración con un caso sobre la realización de una audiencia oral contra un acusado que corre el peligro de sufrir un ataque cerebral o un infarto. En este asunto, el tribunal constata que en tales casos existe una relación de tensión, entre el deber del Estado de garan-

---

96 ALEXY, Robert, *op. cit.*, nota 105, p. 161 y ss.

97 ALEXY, Robert, *Teoría de los derechos fundamentales*, Madrid, Centro de Estudios Constitucionales, 1993, p. 88 y 89. En este sentido, en la enseñanza del derecho y en la práctica judicial opera de manera ordinaria el uso de procedimientos como los señalados por Alexy. El caso de ley posterior deroga ley anterior es muy común en el mundo jurídico, incluso la justificación deviene de una exigencia por dar sentido y coherencia al derecho en el entendido de que una norma reciente, deroga a una norma anterior que regula la misma materia.

98 ALEXY, Robert, *op. cit.*, nota 105, p. 163.

tizar una aplicación efectiva del código penal y el derecho del acusado a su vida y a su integridad física, situación que debería resolverse con base en la tesis de máxima proporcionalidad.[99] Lo que importa saber es cuál de los dos intereses, abstractamente del mismo rango, tienen un peso mayor en el caso concreto. El tribunal resolvió la procedencia del derecho del recurrente a la vida e integridad física.

El pasaje normativo al que recurre Alexy, para ejemplificar la existencia de principios, nuevamente nos deja observar que estos se pueden identificar en situaciones de conflicto, donde el juzgador se tiene que pronunciar en un sentido o en otro, tomando en consideración elementos de peso que dejan en disyuntiva al operador jurídico.

Otro elemento que se destaca en la teoría de Alexy es el papel que juega la ponderación en la ejecución de los principios. Alexy otorga un valor muy importante a esta función, ya que, desde su perspectiva, es la forma de aplicación de los principios. Es decir, si partimos de esa premisa, el camino que llevará al operador jurídico a identificar cuál principio es el que se debe aplicar a un caso concreto, necesariamente pasará por el tamiz de un ejercicio de ponderación.

Sobre este punto, Atienza indica que el ejercicio de ponderación que propone Alexy se sustenta bajo la consideración que, si bien es cierto los principios no pueden tener una jerarquización estricta, si se puede establecer un orden

---

99 La máxima de proporcionalidad en sentido estricto es un mandato de ponderación, y se sigue de la relativización de las posibilidades jurídicas. Si una norma de derecho fundamental con carácter de principio entra en colisión con un principio opuesto, entonces la posibilidad jurídica de la realización de la norma de derecho fundamental depende del principio opuesto. Los principios se observan como mandatos de optimización con relación a posibilidades jurídicas. *Cfr.* Alexy, Robert, *op. cit.*, nota 105, p. 111.

débil entre los mismos que permita su aplicación ponderada y no un uso arbitrario de los mismos. El orden débil que se propone se fundamenta en tres elementos: 1) un sistema de condiciones de prioridad, que hacen que la resolución de las colisiones entre principios, en un caso concreto, tenga también importancia para nuevos casos; 2) un sistema de estructuras de ponderación que derivan de la consideración de los principios como mandatos de optimización en relación con las posibilidades fácticas y jurídicas; 3) un sistema de prioridades prima facie.[100]

Los anteriores elementos de ponderación pueden hacer que un sistema jurídico opere en atención al conjunto de principios que establece el propio sistema, sin embargo, se puede decir que es una condición necesaria, pero no suficiente. Es decir, para que realmente opere con efectividad un sistema jurídico, se tienen que observar las reglas y los principios del derecho, así como contar con un esquema que logre su aplicación. Alexy le denominara a esto el modelo reglas/principios/procedimiento.[101]

Dicho modelo tiene como objetivo colmar el espacio de duda en la aplicación de los principios dentro del derecho. Atender a un procedimiento asegurará la idea de la racionalidad, tanto en el proceso de aplicación del derecho como en su formulación. Alexy indica que, por procedimiento de aplicación del derecho debe entenderse o bien el proceso de argumentación y pensamiento no institucionalizado, de quienes encuentran y fundamentan una respuesta a la cuestión de que es lo que esta jurídicamente ordenado en un sistema jurídico en un determinado caso, o el procedimiento institucionalizado.[102]

---

100 ATIENZA, Manuel, *op. cit.*, nota 59, p. 175.

101 ALEXY, Robert, *op. cit.*, nota 105, 112.

102 *Ibídem*, p.174.

Alexy muestra que la ponderación juega un papel determinante en la aplicación de los principios, pero tal aplicación quedaría sesgada si no se cumple con un procedimiento, el cual está sustentado en el proceso de argumentación jurídica. Es decir, la argumentación toma un papel relevante en el tema de los principios al proporcionar el marco racional que sustenta una determinación judicial. La argumentación será el garante de la aplicación de los principios dentro de un sistema jurídico. En palabras de Alexy la argumentación proporcionará el modelo ideal para la razón práctica.

Este último punto será de vital importancia en la teoría de Alexy: la razón práctica. El modelo de reglas/principios/procedimiento asegurará el máximo de razón práctica, por lo cual, será preferible a todos los otros modelos.[103] Enseña que este modelo tiene que cumplir con dos tareas: 1) establecer reglas metódicas que aseguren la vinculación a los principios y 2) conocimiento de más de una posibilidad para el resultado de un caso en concreto. Estos elementos se sustentarán bajo los cuatro principios siguientes: a) un grado sumo de claridad lingüístico-conceptual; b) un grado sumo de información empírica; c) un grado sumo de universalidad; y d) un grado sumo de desprejuiciamiento.

Los anteriores elementos son el claro reflejo del propósito de Alexy por generar una teoría lo suficientemente sólida, que abarcara tanto su planteamiento teórico sobre los principios (mandatos de optimización) como su aplicación empírica por parte de los operadores jurídicos, mediante la ponderación que, a su vez, se sustenta en la argumentación jurídica como piso para una correcta y eficiente razón práctica. Sin embargo, como toda teoría, tiene sus puntos débiles, los cuales han sido destacados mediante algunas re-

---

103 ALEXY, Robert, *op. cit.*, nota 105, p. 176.

futaciones, mismas que abordaremos, de manera sintética, en el siguiente apartado.

2.5.3. Distinción entre reglas y principios

"Esta posición se explica sobre la base de que los principios son postulados que persiguen la realización de un fin, como expresión directa de los valores incorporados al sistema jurídico, mientras que las reglas son expresiones generales con menor grado de abstracción, con las que se busca la realización de los principios y valores que las informan; de manera que ante la discrepancia entre reglas tuteladas de los mismos valores, debe subsistir la que mejor salvaguarde a este, por ejemplo si la colisión existe entre normas de carácter procesal, deberá resolverse a favor de la que tutele mejor los elementos del debido proceso legal". [104]

La distinción entre reglas y principios (y, dentro de éstos, entre principios en sentido estricto y normas programáticas) puede formularse de la siguiente manera:

> (...) las reglas configuran de forma cerrada tanto el supuesto de hecho como la conducta calificada deónticamente en la solución; los principios en sentido estricto configuran de forma abierta su supuesto de hecho y, de forma cerrada, la conducta calificada deónticamente, las directrices o normas programáticas configuran de forma abierta tanto uno como otro elemento.[105]

En la distinción anterior, se observa que las reglas establecen una conducta basada en un supuesto de hecho y

---

[104] Tesis: i.4o. C 220 C, Semanario Judicial de la Federación y su Gaceta, Novena Época, t. XXXI, febrero de 2010, p. 2788.

[105] Garzón Valdés, Ernesto y LAPORTA Francisco J. (coords.), *Enciclopedia Iberoamericana de Filosofía, t. II: El derecho y la justicia*, Madrid, Trotta, 2000, p. 153.

una consecuencia tanto de su cumplimiento como de su incumplimiento. Mientras que los principios establecen un supuesto de hecho dirigidos a determinada conducta.

2.5.4. *Críticas a la distinción sobre reglas y principios: Comanducci y Aarnio*

Paolo Comanducci indica que a la posición teórica de Dworkin se le puede denominar *neoconstitucionalismo ideológico,* la cual se caracteriza por la disminución del grado de certeza del derecho, derivada de la técnica de ponderación de los principios constitucionales y de la interpretación moral de la constitución.[106] Comanducci inicia su ataque destacando que Dworkin no distingue entre determinación *ex ante* y *ex post,* ni entre el problema teórico de la cognoscibilidad de las consecuencias jurídicas de las acciones y el problema práctico de las justificaciones de las decisiones judiciales.

El problema *ex ante* es la determinación e indeterminación en la configuración de los principios, ya que al ser una especie de *genus normas,* no se pueden eliminar las causas estructurales, lingüísticas y subjetivas de la parcial indeterminación del derecho.[107] Como se puede observar, Comanducci deja ver que, la falta de elementos objetivos para determinar los principios dentro de un sistema jurídico hace que las teorías de Dworkin y Alexy tengan un espacio de indeterminación en torno a la estructura misma de los principios y, sobre todo, desde el fundamento de los principios a la hora del razonamiento jurídico.

---

106 Comanducci, Paolo, «Formas de (Neo) Constitucionalismo: un análisis metateórico», *Isonomía,* No. 16, abril 2002, pp. 106 y ss. Véase también: *Neoconstitucionalismo,* Trotta, Madrid, 2003, pp. 91 y ss.

107 *Ibídem,* p. 7.

Añade Comanducci que, la indeterminación de los principios, quizás, podría disminuir si se presentan las siguientes condiciones: 1) si existiese una moral objetiva, conocida y observada por los jueces; y 2) si los jueces observaran siempre las prescripciones de Dworkin y Alexy y construyeran un sistema integrado de derecho y moral, internamente consistente, de modo que, con la ayuda de los principios, pudiera elegir para cada caso la única solución justa, o correcta, o al menos la mejor.

Señala que, bajo esas consideraciones, la creación de principios, por obra del legislador o la configuración de principios, por obra de los jueces o de la dogmática podría reducir la indeterminación *ex ante* del derecho; lo que, desde su perspectiva, en realidad no se presenta, principalmente, por razones factuales vinculadas a que: la moral no es conocida ni compartida por los jueces; los jueces no son coherentes todo el tiempo; y los jueces no siempre argumentan y deciden racionalmente.[108]

La crítica culmina manifestando que existen buenas razones para crear principios y configurarlos o ponderarlos, sin embargo, considera que estas actividades no persiguen directamente la certeza del derecho, con lo que veladamente arroja el argumento de fondo de su ataque: el peligro en la discrecionalidad por parte de los operadores jurídicos.

En torno a los argumentos de Comanducci, se estima que, parcialmente, son adecuados en tanto que, efectivamente, no existe una moral objetiva y conocida por los jueces, ni tampoco un sistema integrado de derecho y moral, sin embargo, su ataque presenta un grado de generalidad sobre los principios *ex ante* o sobre la aplicación de los principios por parte de los operadores de derecho.

---

108 *Ídem.*

Asumir la posición de Comanducci, como verdad absoluta, sería nuevamente establecer que el juez o aplicador del derecho solo tiene espacio de acción o de aplicabilidad sobre las normas y no sobre los principios, situación que es la crítica central de Dworkin y Alexy. Desde nuestra perspectiva, la indeterminación de los principios es precisamente lo que hace que éstos no tengan la configuración de una regla y que, en consecuencia, puedan salir del esquema de operatividad de éstas. Por el contrario, los principios establecen prescripciones, que, al no estar acotadas, permiten un uso flexible, o como diría Zagrebelsky, dúctil de los mimos.[109] La salida, para evitar la discrecionalidad o el abuso de ellos, está en Alexy, cuando coloca a la argumentación como el medio idóneo que deben utilizar los operadores jurídicos para soportar la razón práctica de los principios.

La segunda de las críticas la tenemos con Aulis Aarnio, quien centra el foco de atención de sus críticas en los defensores de la tesis que hacen una separación entre reglas y principios. Indica que dichos teóricos pueden resumir sus argumentos en dos grandes tesis:

a) La tesis de la demarcación fuerte muestra que, la diferencia entre reglas y principios no se refiere, por ejemplo, al grado de generalidad, sino que es más bien cualitativa. Reglas y principios pertenecen a categorías diferentes. Esta tesis se basa en la noción de regla, las cuales son seguidas o no lo son. No existe una tercera alternativa. En este sentido los principios, si se comparan con las reglas, son cualitativamente distintos. Aarnio, rescatando la tesis de Laporta, señala que las características de los principios pueden ser descritas como sigue:

109 ZAGREBELSKY, Gustavo, *El derecho dúctil, ley, derechos y justicia,* Madrid, Trotta, 2007.

1. Los principios no proporcionan razones concluyentes o definitivas para una solución, como las reglas, sino solo razones *prima facie;*
2. Los principios tienen una dimensión de peso o importancia que las reglas no tienen;
3. Los principios son mandatos de optimización, es decir, ordenan que algo se realice en la mayor medida posible; y,
4. Los principios guardan una profunda afinidad con los valores, y también con objetivos políticos y morales.[110]

Bajo esta perspectiva, un principio muestra solo la dirección con la que debería buscarse la solución. Cuando hay un conflicto entre principios, en cambio, la dimensión de peso significa que el principio con el mayor peso desplaza al menos importante. Por tanto, en caso de conflicto no existe un orden jerárquico vinculante, dado de antemano, que muestre la forma de resolverlo. Considerando los principios solo puede identificarse en orden tenue de preferencia. Tal orden está determinado por el código axiológico que está en su base.

b) La tesis de la demarcación débil dice que reglas y principios guardan entre si una relación de parecido de familia y que existe entre ellos una diferencia

---

110 AARNIO, Aulis, «Reglas y principios en el razonamiento jurídico», (conferencia presentada en el 11 Seminario internacional de Filosofía del Derecho ¿Decisión judicial o determinación del Derecho? Perspectivas contemporáneas, en la Facultad de Derecho de la Universidad de Coruña, 24 de marzo de 2000), consultado el 20 de octubre, 2017, «http://ruc.udc.es/dspace/bitstream/2183/2070/1/AD-4-35.pdf».

de grado, no cualitativa. Típicamente, los principios tienen una mayor generalidad que las reglas, pero, por lo demás, no hay características especiales para distinguirlos.

Al respecto, Aarnio señala que, tanto la tesis de la demarcación fuerte como la débil no son válidas. Lo anterior bajo la consideración de que, para entender las diferencias entre reglas y los principios, no es suficiente ninguna de las dos tesis descritas. Aarnio deja ver que, desde el punto de vista lingüístico, se pueden observar cuatro apartados en las posiciones que hacen la separación reglas y principios.

- Reglas (R), por ejemplo, la prohibición de robo en el derecho penal;
- Principios que parecen reglas (*RP*), por ejemplo, el principio de libertad de expresión y el principio "*Nadie puede beneficiarse del ilícito que ha cometido*", que emplea Dworkiin. Estas normas se asemejan a principios, aunque en realidad parecen pertenecer a la categoría de las reglas: o se cumplen o no;
- Reglas que parecen principios (*PR*), su ámbito de aplicación es cognitiva o evaluativamente abierto, como sucede con el ámbito de los principios valor; y,
- Principios (P), como los principios de igualdad y libertad u otros principios valor y principios objetivo, además del principio de buena fe.

Desde la perspectiva de Aarnio (*R*), (*RP*), (*PR*) y (*P*) no tienen fronteras claras, por el contrario, su aplicabilidad se vuelve complicada progresivamente. Una norma puede ser más (RP) que (PR) o al contrario. Por tal consideración se puede señalar que, tanto principios como reglas tienen un espacio amplio de indeterminación e imprecisión por lo que no se les puede separar tajantemente. Además, dicha generalidad abona en que no se pueda llegar a un contenido preciso, tanto de normas como de principios.[111]

En síntesis, Aarnio rechaza que los principios puedan ser definidos como mandatos de optimización, al estilo de Alexy, ya que los principios, al final del día, se trasforman en proposiciones normativas y, como tal, se vuelven parecidos a una regla: se siguen o no. Además, tampoco existen diferencias entre unos y otros por la manera en que se pondera cuando existe colisión entre éstos. Según Aarnio, la noción de regla jurídica "estricta", de acuerdo con la cual las reglas son aplicables en la forma todo o nada y, en caso de colisión entre ellas, una es declarada inválida y la otra aplicada. Esto no refleja la realidad en su conjunto, sino solo un tramo del procedimiento hermenéutico, puesto que vale únicamente una vez que las reglas han sido interpretadas, y no antes; es decir, tanto reglas como principios son susceptibles de ponderación.

La crítica de Aarnio estimamos tiene elementos valiosos. Deja claro que las taxonomías propuestas, tanto por Dworkin como por Alexy, no son suficientes para identificar el amplio mundo de las reglas y los principios. Compartimos con él la idea relativa a los grados de indeterminación entre unos y otros y que, en ocasiones, no se sabe, a ciencia cierta, frente a qué tipo de norma nos encontramos y, por consiguiente, cómo debemos operar dentro del sistema jurídico. No obstante, la posición de Aarnio tiende al relativismo, es decir, si nos constreñimos a su modo de observar las situaciones no existirá diferencia entre los principios y las normas, pero tampoco habrá elementos para diferenciar todas las pautas que se encuentran en el sistema jurídico. Al final del día, la tesis del *pedigree* o de afinidad familiar se observa útil, en tanto que los operadores del derecho si utilizan una

111 *Ídem.*

escala de valores distinta y diferenciada en la aplicación de normas y principios, lo que hay que observar y tener cuidado es en el mecanismo argumentativo. Aarnio deja de lado la necesidad jurídica para argumentar ante una resolución. Este es un punto débil en su crítica.

2.6. TEORÍAS DE LA ARGUMENTACIÓN JURÍDICA

2.6.1. El silogismo judicial o teoría de la subsunción

Esta teoría instituyó una manera de explicar la aplicación del derecho, sumamente difundida y aceptada, en especial, el tipo de conexión que implicaba a los hechos y las normas. Dicha difusión deriva de que esta teoría nació en el ambiente propicio del formalismo jurídico y de la formación del Estado liberal de derecho. La presencia de esta teoría, en varios sistemas jurídicos, fue de tal importancia que algunos tipos de sentencia (esto es, el acto que constituye la máxima expresión de la aplicación y decisión judicial) reproducía el esquema lógico del silogismo.

La teoría de la subsunción no es, propiamente, una teoría de la argumentación jurídica; sino, más bien, la postura teórica que sirve de objeto a las críticas de los teóricos de la argumentación, de mitades del siglo XX, los cuales estaban en contra de este modelo mecanicista de la aplicación del derecho. Motivo por el cual se realiza, en este punto su estudio. La teoría del silogismo judicial entiende que, la conexión entre hecho y derecho consiste en una subsunción de los primeros en las normas. En este sentido, aplicar el derecho es subsumir los hechos de la vida real dentro del derecho. Esta concepción, sobre la aplicación del contenido del derecho, consiste, primero, en examinar si los hechos son concreciones del modelo general y, una vez resuelto este examen, en segundo lugar, aplicar la consecuencia de la norma a los mismos.[112]

2.6.2. La tópica jurídica

La búsqueda de métodos que permitan acercarse mejor a la realidad del trabajo jurídico, y las posibilidades de control racional del mismo, condujeron a los teóricos a fijar, precisamente, en 1953, cuando se publicó la primera edición de la obra de Theodor Viehweg, *Topik und jurisprudenz* (Tópica y Filosofía del derecho), cuya idea fundamental consistía en estimular el interés por el modo de pensar tópico en la teoría y práctica jurídica.[113]

La palabra tópica proviene del griego *topos*, que significa: lugar, motivo, asunto tratado en un discurso o una obra, pasaje de un escrito, y, finalmente, "*lugar común*".

En la obra de Aristóteles el *Órganon*, los "tópicos" (*topos*, *tópois*) son enunciados que cuentan con un alto grado de aceptación general, los cuales sirven de base o fundamento a discursos propios de la tarea del convencimiento. La diferencia de los tópicos (que son las premisas de la retórica) con las premisas que utiliza la lógica, es que las primeras no ofrecen la certeza de las premisas científicas. Por ejemplo: "la vista está en el ojo con la razón en el alma", se trata de enunciado que se supone es aceptado por todos y que no es necesario demostrar. No hay discusión acerca de que los tópoi sirvan para la elaboración de la ciencia, ya que carecen de certeza; sin embargo, para el trabajo de los juristas, estos sirven de mucha ayuda, ya que lo verdaderamente importante, no es que un hecho o un argumento sean realmente verdaderos, sino que convenzan al juez.

---

112 *Cfr.* ALMOGUERAS CARRERES, Joaquín, *Lecciones de teoría del derecho.* Reus, España, 1995, p. 278.

113 *Cfr.* VIEHWEF, Theodor, *Tópica y Filosofía del derecho,* trad. Jorge M. Seña. España, Gedisa, Colección, estudios alemanes,1997, p. 201.

La tópica, contiene la doctrina del razonamiento sobre lo probable; es el método que enseña a descubrir los "puntos de vista" apropiados, los "lugares comunes" eficaces para discutir sobre un tema cuya solución no rebase el campo de lo probable. Los tópicos son razonamientos probables, más no demostrativos.

Viehweg caracteriza a la tópica mediante tres elementos estrechamente conectados entre sí, por lo que la tópica es:

- Desde el punto de vista de su objeto, una técnica de pensamiento problemático. El punto más importante del análisis de la tópica, según Viehweg, es la afirmación de que se trata de una técnica del pensamiento que se orienta hacia el problema. El término aporía se le asigna a una cuestión que es apremiante e ineludible, la situación de un problema del cual no es posible dejar sin solución;
- Desde el punto de vista del instrumento con que opera, lo que resulta central es la noción de tópicos o lugar común. Los tópicos deben de verse como enunciados que gozan de una presunción de probabilidad o que, al menos, imponen la carga de la argumentación a quien los cuestiona; y,
- Desde el punto de vista del tipo de actividad, es una búsqueda y examen de premisas. Consistente en un "modo de pensamiento" en el que la importancia recae en las premisas, más que en las conclusiones. La tópica es un procedimiento de búsqueda de premisas —de tópicos— que, en realidad, no termina nunca: el repertorio de tópicos siempre es necesariamente provisional.[114]

---

114 *Cfr.* VIEHWEG, Theodor, *Tópica y Filosofía del derecho*, trad. Jorge M. Seña. España, Gedisa, Colección estudios alemanes, 1997, pp. 178 y ss.

2.6.3. La nueva retórica

La nueva retórica, al igual que la tópica jurídica, nace a mitades del siglo pasado; su precursor fue Chain Perelman, quien con su obra *La nouvelle rhetorique. Traité de l´argumentation* (La nueva retórica. Tratado de la argumentación), de 1958, inicia su análisis de otra de las tradiciones aristotélicas como la retórica aplicada a la práctica jurídica.

Perelman, comienza por observar que todo razonamiento y, por tanto, también el razonamiento de los juristas es consistente en argumentación y demostración. A su juicio, en el quehacer del propio jurista, la argumentación es siempre una tarea preponderante. De ahí que sea, gravemente, peligroso descuidar la argumentación y que ésta tienda hacia lo irracional, ya que se debe procurar su racionalidad. A este respecto, se puede comprobar que la argumentación jurídica, se ha servido, durante largo tiempo, de la tópica (dialéctica clásica), mientras que la demostración jurídica se ha servido de la deducción (lógica formal). Ahora bien, muchas veces lo que en derecho se denomina demostración, no es sino una argumentación.

La lógica formal se mueve en el terreno de la necesidad. Un razonamiento lógico-deductivo, o demostrativo, implica que, el paso de las premisas a la conclusión es necesario; si las premisas son verdaderas, entonces también lo será necesariamente la conclusión. Por el contrario, la argumentación, en sentido estricto, se mueve en el terreno de lo plausible. Los argumentos retóricos no tratan de establecer verdades evidentes, pruebas demostrativas, sino de mostrar el carácter razonable, plausible, de una determinada decisión u opinión. Por eso, en el concepto de argumentación es fundamental la idea de un auditorio al que se trata de persuadir.

El auditorio es el concepto central de la teoría retórica. La tarea de persuadir o de convencer, depende fundamentalmente del auditorio a quien se dirige. La persuasión, en general, es el resultado de una serie de argumentos que se pretenden hacer valer para un el auditorio universal, el cual se compone, de acuerdo con esta teoría, por sujetos dotados de razón. La idea es que, quien pretendiera reconocerse como un ser de razón, debe ser convencido al igual que los demás seres de razón y el que no lo acepte será considerado como un irracional.[115]

Puesto que toda argumentación pretende la adhesión de los individuos a un determinado discurso, para que exista argumentación, se necesitan ciertas condiciones previstas o presupuestos como:

- La existencia de un lenguaje común;
- El discurso;
- El orador; y,
- El auditorio.

De estos presupuestos se derivan los llamados aspectos de la argumentación:

- El acuerdo;
- La elección; y,
- La presentación de premisas.

Para argumentar es necesario partir de premisas aceptadas, que el orador estima son aceptadas por el auditorio. Los hechos, cuando son tomados como punto de partida, deben ser ampliamente aceptados. Pero los valores axiológicos, por el contrario, algunos son "preferibles" a otros; ya que carecen de la certeza que tienes los hechos.

---

115 *Cfr.* CORREAS, Oscar, *op. cit.*, nota 54, p. 211 y ss.

Las preferencias, son las que establecen la jerarquía entre los valores. Y en esa jerarquía en la cual se diferencian los distintos auditorios particulares.

2.6.4. Teoría integradora

Tanto Viehweg como Perelman no tratan simplemente de mostrar que la concepción lógico-deductiva o del silogismo jurídico tiene sus límites, sino afirman que, la construcción de argumentos jurídicos, a partir de la postura de la lógica formalista, es equivocada o de muy escaso valor.

Para Neil MacCormick el discurso jurídico es un caso especial del discurso práctico general, el cual cumple con la función especial de la justificación. En el caso de la argumentación jurídica, tiene la particularidad de que, su justificación debe estar basada conforme a los hechos establecidos y con las normas vigentes. Su teoría no trata únicamente de describir bajo qué condiciones una decisión jurídica puede considerarse justificada, sino que pretende además aportar un modelo teórico bajo el cual deben justificarse las decisiones jurídicas,[116] MacCormick considera que, al menos, en algunos casos las justificaciones que deben llevar a cabo los jueces son de carácter estrictamente deductivo acudiendo a la fórmula del *"modus ponen"*.[117]

La justificación deductiva[118] tiene los siguientes presupuestos:

a) Un primer presupuesto es que el juez tiene el deber de aplicar las normas jurídicas; sin entrar en cuál

---

116 ATIENZA, Manuel, *op. cit.*, nota 59, p.132.

117 *Ibídem*, p. 136.

118 *Ibídem*, p. 138.

sea la naturaleza o sentido de dicha norma (una de las bases y características de la dogmática jurídica); y

b) Un segundo presupuesto es que el juez a través de los criterios de validez identifica cuáles son las normas que integran el orden jurídico.

2.6.4.1. El caso difícil

Un caso difícil se presenta si existe incertidumbre, ya sea porque dentro de un orden jurídico existen varias normas que, en su contenido, resultan ser contradictorias o, también, porque no existe norma exacta aplicable a un caso concreto.

Para solución de los casos difíciles existen dos posturas: a) la discrecionalidad judicial; y b) la única respuesta correcta.

2.6.4.1.1. La discrecionalidad judicial.

Este modelo, de corte positivista, impulsado por Hart, reconoce la existencia de los casos difíciles; en donde el juez, a través de su discrecionalidad, resuelve este tipo de asuntos; este modelo defiende el poder político del juez y le permite la aplicación de normas retroactivas, por lo que el derecho no ofrece una única respuesta correcta, sino una variedad de posibles soluciones, de las cuales, el juzgador elige a discreción entre ellas.[119] El citado autor parte de la premisa de que los legisladores no pueden tener el conocimiento de todas las posibles combinaciones circunstanciales o fácticas y, por ende, es perceptible la incapacidad para anticipar to-

---

119 *El concreto concepto de derecho,* trad. Genaro R. Carrió, segunda edición, México, Nacional, 1980, pp. 160 y ss.

dos los casos particulares que se presentan en la realidad; en consecuencia, solo queda al órgano jurisdiccional la posibilidad de resolver estos casos, a través de la discrecionalidad.[120]

Las normas que debe aplicar el juzgador no se pueden aplicar mecánicamente, sino que exigen de un razonamiento y reflexión; por tanto, el juez ante una norma clara, solo la aplica; empero, si aquél se enfrenta a un caso difícil, debe acudir a su discreción, que le permite la textura abierta de la norma, y resuelve creando una nueva norma y la aplica retroactivamente únicamente para la solución del caso concreto.[121]

2.6.4.1.2. La única respuesta correcta

El máximo exponente es Ronald Dworkin, quien sostiene que los casos difíciles tienen solo "una respuesta correcta", ya que cuando existen contradicciones o lagunas, el juez no tiene discreción porque está sujeto a los principios. Cuando en un asunto la aplicación de una norma concreta resulte complicada, para el aplicador del derecho el orden jurídico no solo está integrado de normas concretas, sino, además, por "principios"; consecuentemente, éstos pueden ser aplicables a la solución de los casos difíciles. Los materiales jurídicos compuestos por normas, directrices y principios son suficientes para dar una respuesta correcta al problema planteado. Solo una visión del derecho que identifique al sistema jurídico, únicamente con las normas, puede mantener la tesis de la discreción judicial.[122]

---

120 H.L. Hart, *op. cit.,* nota 95, pp. 160 y ss.

121 *Ídem.*

122 *Cfr.* DWORKIN, Ronald, *op. cit.*, nota 93, p. 13.

El mencionado autor explica que, en un caso difícil no es una buena solución dejar con plena libertad al juez, porque éste no está legitimado para dictar normas y tampoco para aplicarlas en forma retroactiva, ya que solo se le debe exigir la búsqueda de criterios y la construcción de teorías que justifiquen la decisión.[123] En los casos difíciles, los jueces deben acudir a los principios, pero como no existe jerarquía establecida de principios es posible que éstos puedan fundar decisiones distintas.

Por tanto, sostiene que los principios son dinámicos o cambian con gran rapidez; por tal razón, su aplicación no es automática, sino que exige el razonamiento judicial y la integración del razonamiento en una teoría. El juez ante un caso difícil debe "ponderar" los principios y decidirse por el que tiene más peso.[124]

En otras palabras, la única respuesta correcta sería aquella que mejor pueda justificarse a través de una teoría sustantiva, basada en los principios que mejor se relacionen con la Constitución, las reglas de derecho y las decisiones jurídicas precedentes. Dworkin reconoce que en ningún sistema jurídico se ha encontrado con un procedimiento que muestre necesariamente una respuesta correcta; sin embargo, ello no constituye una objeción en contra de su existencia. No impide pensar en el juez ideal, al que Dworkin llama "Hércules", equipado con habilidad, sabiduría, paciencia y agudeza sobrehumanas. Por lo tanto, al juez real le corresponde acercarse a este ideal lo más posible.[125]

La tesis de Dworkin se sustenta en dos premisas, fundamentalmente, qué postulan:

---

123 *Ídem.*

124 *Ibídem,* p. 15

125 *Cfr.* ALEXY, Robert, *Derecho y razón práctica,* trad. Manuel Atienza, México, Distribuciones Fontamara, S.A. 2002, p. 8.

a) Cualquier norma se fundamenta en un principio;

b) Los jueces no pueden crear normas retroactivas.

Los jueces tienen la obligación de aplicar los principios porque son el producto de la relación entre el razonamiento moral y el razonamiento jurídico, sitio en que germina su modelo del juez "Hércules", aquél que es capaz de solucionar los casos difíciles y encontrar respuestas correctas para todos los problemas a través de la aplicación de los principios.

Tanto las normas como los principios, dentro de este esquema, forman parte del orden jurídico; sin embargo, existen los siguientes criterios de distinción,[126] entre estos:

- La generalidad como criterio de distinción, según el cual, los principios son considerados dentro del orden jurídico como normas de un grado de generalidad relativamente alta y las normas de un grado relativamente bajo.
- Las normas jurídicas son aplicables en la forma todo o nada, pero los principios no. Si una norma es válida, entonces, se aceptan sus consecuencias; pero, sino no es válida, entonces, no cuenta para nada en la decisión. Por el contrario, los principios, aun cuando, según su formulación, sean aplicables al caso, no determinan, necesariamente, la decisión judicial, sino que solamente proporcionan razones que hablan a favor de una u otra decisión.
- Los principios tienen una "dimensión de peso" que se muestra en choques entre principios. Si chocan dos principios, se da un valor decisorio al principio que en el caso tenga un peso relativamente menor.

---

126 *Ibídem*, pp. 9 y ss.

Por el contrario, en el conflicto entre normas, una de las dos normas debe resultar nula dentro del orden jurídico.

- El punto decisivo, para distinción entre normas y principios, es que los principios son preceptos que ordenan que se realice algo en la mayor medida posible, en relación con las posibilidades jurídicas y fácticas. Los principios son, por consiguiente, mandatos de optimización, que se caracterizan por que pueden ser cumplidos en diversos grados y porque la medida ordenada de su cumpliendo no solo depende de las posibilidades fácticas, sino también de sus posibilidades jurídicas.

2.6.4.2. Los casos difíciles en MacCormick

El problema que se plantea, en este punto, es sobre lo que significa argumentar jurídicamente, cuando no basta la justificación deductiva. Para la solución a esta cuestión, MacCormick afirma que, justificar una decisión en un caso difícil representa que: la decisión cumpla con el requisito de universalidad; tenga sentido en relación con el sistema (es decir, que cumpla con los requisitos de consistencia y de coherencia); y en relación con el mundo (lo que significa que un argumento decisivo es un argumento consecuencialista).[127]

El requisito de universalidad, implícito dentro de la justificación deductiva, exige que, para justificar una decisión normativa, se cuente, por lo menos, con una premisa que sea la expresión de una norma general o de un principio.

---

127 ATIENZA, Manuel, *op. cit.*, nota 59, pp. 141 y ss.

La consistencia está basada en que las premisas normativas no entren en contradicción con normas válidamente establecidas y, también, en la obligación de los jueces en no infringir el derecho vigente.

La coherencia, desde las perspectivas normativa y narrativa, es un requisito más que debe cumplir la decisión judicial, para la solución de casos difíciles. Una serie de normas, o una norma, es coherente si puede subsumirse bajo la serie de principios generales o de valores que, a su vez, resulten aceptables, en el sentido de que configuren una forma de vida satisfactoria.

Sobre los argumentos y las consecuencias, MacCornick expone que, una decisión no solo debe que tener sentido con el orden jurídico, sino también relación con la realidad. Reconoce que la justificación de una decisión en los casos difíciles se produce a través de una interacción entre los argumentos que parten de los principios y los argumentos que se basan estrictamente en las consecuencias que podrían darse conforme a dicha decisión.

2.6.5. El discurso racional

Robert Alexy ofrece una vía alterna para conseguir el camino de la única respuesta. Este camino se abre con la comprensión de que, los principios y las normas (sustantivas) no conforman por completo el orden jurídico, ya que éstas necesitan del derecho adjetivo para su aplicación. El autor establece que, en un nivel se encuentran los principios y, en otro, las normas sustantivas; por tanto, se debe complementar el orden jurídico con un tercer nivel, que se constituye por normas adjetivas o procesales; los tres niveles sobre los cuales versará una teoría de la argumentación jurídica, por medio de la cual lleguemos una decisión racionalmente fundada (el paradigma de la única respuesta correcta).[128]

El mencionado autor crea una teoría general de la argumentación práctica que, después, proyecta en el campo del derecho, para llegar a la tesis central de considerar el discurso jurídico, o la argumentación jurídica, como un caso especial del discurso práctico general. Lo que lleva a que elabore una teoría procedimental de la argumentación jurídica (permite distinguir los buenos de los malos argumentos) y también descriptiva (incorpora elementos de tipo empírico).[129]

A fin de elaborar un bosquejo de una teoría del discurso práctico racional general, como paso previo para la construcción de una teoría argumentativa jurídica, Alexy utiliza fuentes muy variadas: diversas teorías de la ética analítica (especialmente, las de Hare, Toulmin y Baier), la teoría del discurso de Habermas, la teoría de la deliberación práctica de la escuela de Earlange y la teoría de la argumentación de Perelman. Pero, de todas ellas, la influencia fundamental es, sin duda, la de Habermas.[130]

2.6.6. La teoría del discurso de Habermas

Para Habermas son innegables las diferencias entre la lógica de la argumentación teórica (discurso descriptivo científico) y de la argumentación práctica (discurso prescriptivo); no obstante, dichas diferencias no son tan grandes como para desterrar a esta última de ámbito de la racionalidad. Se puede afirmar que, las cuestiones práctico-morales pueden ser decididas mediante razón o mediante la fuerza del me-

128 *Cfr,* ALEXY, Robert, *op. cit.*, nota 137, pp. 7-24.

129 *Ibídem,* p. 21.

130 ATIENZA, Manuel, *op. cit.*, nota 59, p. 150.

jor argumento. Así, el resultado del discurso práctico puede ser un resultado racionalmente motivado por una voluntad racional (un consenso justificado, garantizado o fundado); y que, en consecuencia, las cuestiones prácticas son susceptibles de verdad en un sentido amplio de este término.

Ese sentido lato de verdad es el que viene fijado en su teoría consensual de la verdad que se contrapone a la teoría de la verdad como correspondencia, esto es, a las concepciones que entienden la verdad como una correspondencia entre enunciados y hechos. De acuerdo con Habermas, un sujeto solo se puede atribuir a un predicado a un objeto. La condición para la verdad de los enunciados es el potencial asentimiento de todos los demás.[131]

Los argumentos surgen de tal discurso (y con los que están de acuerdo los participantes) son verdaderos. Habermas[132] adopta una teoría consensual de la verdad, o este consenso nace teóricamente en el discurso, cuando se dan cuatro condiciones de validez aceptadas por todos los participantes:

a) La exposición del hablante ha de ser, aceptadamente, comprensible;

b) Las proposiciones ofrecidas por el hablante han de ser verdaderas;

c) El hablante ha de ser veraz en sus proposiciones; y

d) El hablante ha de disponer del derecho a expresar esas proposiciones.

Según Habermas, en todo acto del habla dirigido a la comprensión mutua, el hablante erige una expresión de validez, es decir, pretende que lo dicho por él es válido o

---

131 *Ídem.*

132 *Cfr.* RITZER, George, *Teoría Sociológica Moderna,* trad. María Teresa Casado Rodríguez, quinta edición, España, McGraw Hill, 2002.

verdadero en un sentido amplio. Pero esa pretensión de validez significa cosas distintas según el tipo de acto de habla que se trate.

En los actos del habla prescriptivos el hablante pretende que su enunciado sea verdadero; en los actos prescriptivos (mandatos, exigencias, amonestaciones, etcétera) lo que se pretende, en cambio, es que sea correcto. Habermas no considera la argumentación, el discurso, como una serie de proposiciones, sino como una serie de actos del habla; la argumentación no es un encadenamiento de proposiciones, sino un tipo de interacción, de comunicación.

2.6.7. El discurso jurídico

El discurso jurídico es un caso especial del discurso práctico. El procedimiento del discurso jurídico se define, pues, por un lado, por las reglas y formas del discurso práctico general y, por otro lado, por las reglas y formas específicas del discurso jurídico que, sintéticamente, expresan la sujeción a la ley, a los precedentes judiciales y la dogmática jurídica.[133]

2.6.8. Las reglas del discurso práctico general

El primer grupo de reglas del discurso práctico racional son las reglas fundamentales, cuya validez es condición para cualquier comunicación lingüística, se aplican tanto al discurso teórico como al discurso práctico. Dichas reglas enuncian los principios de no contradicción (incluyendo la no contradicción entre normas), de sinceridad, de universalidad (con una variante referida a los enunciado normativos y valorativos) y de uso común del lenguaje.

---

133 ATIENZA, Manuel, *op. cit.*, nota 59, p. 157.

Alexy[134] las formula así:

- A.1. Ningún hablante puede contradecirse.
- A.2. Todo hablante solo puede afirmar lo que él mismo cree.
- A.3. Todo hablante que aplique un predicado "F" a un objeto "a", debe estar dispuesto a aplicar "F" también a cualquier otro objeto igual a "a" en todos los aspectos relevantes.
- A.4. Todo hablante solo puede afirmar aquellos juicios de valor y de deber que afirmaría asimismo en todas las situaciones en las que afirmase que son iguales en todos los aspectos relevantes.
- A.5. Distintos hablantes no pueden usar la misma expresión con distintos significados.

2.6.8.1. Las reglas de razón

Estas definen las condiciones más importantes para la racionalidad del discurso. A la primera de ellas se le puede considerar como la regla general de fundamentación y las otras tres contienen los requisitos de la situación ideal de habla o de dialogo, esto es, igualdad de derechos, universalidad y no coerción. Cuestiones que Alexy[135] las formula de la siguiente manera:

- B.1. Todo hablante debe, cuando se le pide, fundamentar lo que afirma, a no ser que pueda dar razones que justifiquen el rechazar una fundamentación.
- B.2. Quien pueda hablar puede tomar parte en el discurso.

---

134 *Íbidem*, p. 153.
135 *Ídem*.

B.2.1. Todos pueden problemartizar cualquier aserción.

B.2.2. Todos pueden introducir cualquier aserción en el discurso.

B.2.3. Todos pueden expresar sus opiniones, deseos y necesidades.

B.3. A ningún hablante puede impedírsele ejercer sus derechos fijados en B.2., y B.2.1. mediante coacción interna o externa al discurso.

2.6.8.2. Las reglas sobre la carga argumentativa

El uso sin límites de las reglas de la razón y, en especial, las variantes de todos pueden problematizar cualquier aserción y esto podría llevar a bloquear la misma argumentación por lo que es necesario seguir las siguientes reglas:[136]

C.1. Quien pretende tratar a una persona A de manera distinta que a una persona B, está obligado a fundamentarlo.

C.2. Quien ataca una proporción o una norma que no es objeto de la discusión debe dar una razón para ello.

C.3. Quien ha aducido un argumento solo está obligado a dar más argumentos en caso de contra-argumentos.

C.4. Quien introduce en el discurso una afirmación o manifestaciones sobre sus opiniones, deseos o necesidades que no se refieran como argumento a una anterior manifestación tiene, si se le pide,

[136] *Ídem.* p. 1.

que fundamentar por qué introdujo esa afirmación o manifestación.

2.6.8.3. Las formas de los argumentos

El cuarto grupo lo constituyen las formas de argumento específicas del discurso práctico. Alexy, parte de que, básicamente, hay dos maneras de fundamentar un enunciado normativo (N):

a) Por referencia a una regla (R), en donde debe suponerse un enunciado (H) relativo a un hecho que describa las condiciones de la aplicación de esta.

b) O bien señalando las consecuencias (C) del enunciado normativo (N), implicando que existe una regla que dice que la producción de ciertas consecuencias es obligatoria, o es algo bueno.

2.6.8.4. Las reglas de fundamentación

Como las reglas anteriores han dejado un amplísimo campo de indeterminación, hay que añadir un quinto grupo, las reglas de fundamentación, que se refieren, específicamente, a las características de la argumentación práctica y regulan la forma de llevar a cabo la fundamentación mediante las formas anteriores. Las reglas,[137] por tanto, son:

E.1.1. Quien afirma una proposición normativa, que presupone una regla para la satisfacción de los intereses de otras personas, también debe poder aceptar las consecuencias de dicha regla, en el caso hipotético de que él se encontrara en la situación de aquella persona.

---

[137] *Ibídem,* pp. 159 y ss.

E.1.2. Las consecuencias de cada regla para la satisfacción de los intereses de cada uno deben poder ser aceptadas por todos.

E.1.3. Toda regla debe poder enseñarse en forma abierta y general.

Un segundo subgrupo de reglas de fundamentación se dirige a garantizar la racionalidad de las reglas, a través de su génesis social e individual.

E.2.1. Las reglas morales, que sirven de base a las concepciones morales del hablante, deben poder pasar la prueba de sus génesis histórico-críticas. Una regla moral no pasa semejante prueba: a) si, aunque originariamente se pueda justificar racionalmente, sin embargo, ha perdido después de su justificación, o b) si originariamente no se pudo justificar racionalmente y c) tampoco se pueden aducir nuevas razones que sean suficientes.

E.2.2. Las reglas morales, que sirven de base a las concepciones morales del hablante, deben poder pasar la prueba de su formación histórico-individual. Una regla moral no pasa semejante prueba si se ha establecido solo sobre la base de condiciones de socialización no justificables.

La última regla de este grupo trata de garantizar que se pueda cumplir con la finalidad del discurso práctico, que no es otra que la resolución de las cuestiones prácticas existentes de hecho:

E.3. Hay que respetar los límites de realizabilidad dados los hechos.

2.6.8.5. Las reglas de transición.

Para formular el sexto y séptimo grado de reglas, se parte del hecho que, en el discurso práctico surgen problemas que obligan a recurrir a otros tipos de discurso; pueden tratarse de problemas sobre hechos (discurso teórico empírico), de problemas lingüísticos y conceptuales (discurso de análisis del lenguaje) o de cuestiones concernientes a la propia discusión práctica (discurso de teoría del discurso). Lo anterior, genera a estas tres últimas reglas:

F.1. Para cualquier hablante y en cualquier momento es posible pasar a un discurso teórico (empírico).

F.2. Para cualquier hablante y en cualquier momento es posible pasar a un discurso de análisis del lenguaje.

F.3. Para cualquier hablante y en cualquier momento es posible pasar a un discurso de teoría del discurso.

2.6.8.6. Límites del discurso práctico general

Las reglas del discurso no garantizan que pueda alcanzarse un acuerdo para cada cuestión práctica (es decir, que se puedan resolver todos los problemas de conocimiento), ni tampoco que, en caso de que se alcanzase dicho acuerdo, todo el mundo estuviera dispuesto a seguirlo (problema de cumplimiento).

Las razones para lo primero son, básicamente, estas tres:

- Algunas de las reglas del discurso (B.1., B.2.) solo pueden cumplirse de manera aproximada;
- No todos los pasos de la argumentación están determinados, esto es, entre la formación del juicio y la formación de la voluntad: saber lo que es correcto

no significa, necesariamente, estar dispuesto a actuar en ese sentido; y,

- Todo discurso debe empezar a partir de las convicciones normativas de los participantes, las cuales están determinadas históricas y son, además, variables.

Estas limitaciones de las reglas del discurso práctico hacen que sea necesario establecer un orden jurídico que sirva, en cierto sentido, para cerrar esta laguna de racionalidad.

2.6.8.7. Alexy y los tipos del procedimiento como límites al discurso práctico

Alexy distingue tres tipos de procedimiento jurídico, el primero, es el de la creación estatal de normas jurídicas. Como las reglas del discurso práctico establecen que ciertas reglas son discursivamente imposibles, otras discursivamente necesarias, pero otras muchas tan solo discursivamente posibles, ello podría llevar a que, sin contravenir las reglas del discurso pudiesen fundamentarse normas incompatibles entre sí. El establecimiento de normas jurídico-positivas tiene, pues, el sentido de seleccionar tan solo algunas de estas normas discursivamente posibles. Sin embargo, ningún sistema de normas jurídicas puede garantizar por sí mismo que todos los casos jurídicos puedan resolverse en forma puramente lógica, mediante el uso exclusivo de las normas vigentes y de la información sobre los hechos.

El segundo procedimiento, Alexy lo denomina argumentación jurídica o discurso jurídico, que tiene también sus límites, en cuanto que no proporciona siempre una única respuesta correcta para cada caso.

Finalmente, el tercer procedimiento, el proceso judicial; una vez que se termina este último procedimiento, solo queda una respuesta de entre las discursivamente posibles.[138] Aquí, subyace el fundamento central de esta investigación.

2.6.9. La decisión judicial

La decisión judicial, es el objeto de las teorías relativas a la argumentación jurídica, y parte de la idea de que el fallo de una autoridad, en su mayoría de veces, no es una conclusión "necesaria" producto de un silogismo, si no, propiamente, una decisión que, como tal, presupone la posibilidad de optar por otra u otras soluciones. Incluso, en los casos que parecen más claros, cada una de las partes enfrentadas en el proceso tienen una pequeña porción de verdad y el juez está llamado a transitar entre las razones de cada exponente en busca de una solución.

Las normas procesales guían a los tribunales en la toma de decisiones con el propósito de que sus sentencias y resoluciones sean "justificadas". Jerzy Wróblewski[139] explica cada uno de los problemas que surgen al fundar una decisión y develar sus premisas. Según este modelo, hay cuatro problemas que deben resolverse al aplicar la ley:

- La determinación de las normas en vigor con un sentido lo suficientemente preciso para decidir el caso;
- La determinación de los hechos en los que se basa la decisión;
- La subsunción de los hechos bajo las normas aplicadas;

---

[138] *Ibídem*, pp. 164 y ss.

[139] WRÓBLEWSKI, Jerzy, *Sentido y hecho en el derecho*, trad. Francisco Javier Ezquiaga Ganuzas y Juan Igarza Salaverria, México, Distribuciones Fontamara, 2003, p. 69.

- La elección de las consecuencias de los hechos demostrados, si esa elección depende del juez según la norma aplicada.

Este mismo modelo teórico establece la distinción entre tres decisiones judiciales a las que se puede encontrar sometido un juzgador durante un proceso judicial y son las siguientes:

1) La decisión interpretativa determina el sentido de la norma que aplica en el caso concreto. Si esta norma no es suficientemente clara o precisa, según las valoraciones del tribunal, debe ser sometida a una "interpretación operativa".
2) La decisión de la prueba es la constatación judicial de que el hecho "F" existe en el tiempo "t" y un lugar "p"; en la aplicación del derecho se deben hacer constataciones de este tipo fundadas en las pruebas.
3) La decisión final de la aplicación del derecho determina las consecuencias de los hechos demostrados, según la norma jurídica aplicada. Esta norma puede determinar estrictamente las consecuencias, pero también puede solamente formular los límites entre los que el juez debe elegir las consecuencias.

FUENTES

Aarnio, Aulis,«Reglas y principios en el razonamiento jurídico», (conferencia presentada en el 11 Seminario internacional de Filosofía del Derecho ¿Decisión judicial o determinación del Derecho? Perspectivas contemporáneas, en la Facultad de Derecho de la Universidad de Coruña, 24 de marzo de 2000), consultado el 20 de octubre, 2017, «http://ruc.udc.es

Alexy, Robert, *Derecho y razón práctica,* trad. Manuel Atienza, México, Distribuciones Fontamara, S.A., 2002.

—,Robert, *Die juristische Interpretati*on, Recht, Vernunft und Diskurs, Suhrkamp, 1995.

—,*El concepto y la validez del derecho,* Barcelona, Gedisa, 1994.

—, *Teoría de los derechos fundamentales,* Madrid, Centro de Estudios Constitucionales, 1993.

Almogueras Carreres, Joaquín, *Lecciones de teoría del derecho.* Reus, España, 1995.

Anchondo paredes, Víctor Emilio, *Métodos de interpretación jurídica,* Revista Quid luris, México, año 6, volumen 16.

Aragón, Manuel, *Constitución, democracia y control,* México, UNAM, Instituto de Investigaciones Jurídicas, 2002.

Atienza, Manuel, *Cuestiones judiciales,* México, Fontamara, 2001.

—,*Las razones del derecho, teorías de la argumentación jurídica,* México, UNAM, 2011.

Atwood, Roberto, *Diccionario jurídico,* México, Librería Bazán, 1981.

Bix, Brian H., *Filosofía del Derecho: ubicación de los problemas en su contexto*, México, UNAM, 2010.

Bobbio, Norberto, *Teoría general del derecho*, trad., Jorge Guerrero R. segunda edición, Colombia, Themis, 2002.

Brewer-Carias, Allan R. *La Justicia constitucional como garantía, en La Justicia constitucional y su internacionalización. ¿Hacia un lus Constitutionale Commune en América Latina?*, Von Bogdandy, Armin, *et al.* (coord.), México, UNAM, Instituto de Investigaciones Jurídicas, t. 1.

Bunge, Mario, *La investigación científica*, cuarta edición, México, Siglo XXI, 2007.

Burgoa Orihuela, Ignacio, *Derecho Constitucional Mexicano*, vigésima edición, México, Porrúa, 2010.

—,Ignacio, *El juicio de amparo*, cuadragésima tercera edición, México, Porrúa, 2009.

Cabrera Acevedo, Lucio, *El constituyente de Filadelfia de 1787 y la Judicial Review*, México, Suprema Corte de Justicia de la Nación, 2005.

Cárdenas Gracia, Jaime, *La argumentación como derecho*, México, UNAM, 2010.

Colombo Campbell, Juan, «Funciones de Derecho Procesal Constitucional», en *Revista Anuario de Derecho Constitucional Latinoamericano*, 2002.

Comanducci, Paolo, *Formas de (Neo) Constitucionalismo: un análisis metateórico*, Isonomía, No. 16, abril 2002.

Correas, Oscar, *Metodología Jurídica. Una introducción filosófica I*, México, Fontamara, 2003.

Diccionario de la Lengua Española, vigésimo segunda edición.

Dworkin, Ronald, *Los derechos en serio*, Barcelona, Ariel, 2009.

Escritos Políticos de SIEYES. Cronología, Orientación bibliográfica, Introducción y Estudio Preliminar de David Pantoja Morán. Editorial Fondo de Cultura Económica, México 1993.

Estudios de teoría constitucional, México, Fontamara, 2007.

Ezquiaga Ganuzas, F. J., *La argumentación en la Justicia constitucional española,* Bilbao, Instituto Vasco de Administración Pública, 1987.

Fernández Segado, Francisco, *La justicia constitucional ante el siglo XXI: la progresiva convergencia de los sistemas americano y europeo- kelseniano,* México, UNAM, Instituto de Investigaciones Jurídicas, 2004.

Fernández Segado, Francisco. *Estudios Jurídico-Constitucionales,* Editorial Instituto de Investigaciones Jurídicas UNAM, México 2003.

Fix-Zamudio, Héctor, *Estudio de la defensa de la Constitución,* Editorial Instituto de Investigaciones Jurídicas UNAM, México, 1998.

—,Héctor, *Estudio de la defensa de la Constitución,* Editorial Instituto de Investigaciones Jurídicas UNAM, México, 1998.

—,Héctor, *Justicia constitucional Ombudsman y Derechos Humanos,* CNDH, México, 1993.

Guastini, Riccardo, *Teoría e ideología de la interpretación constitucional,* Madrid, Trotta, 2010.

Galindo Garfias, Ignacio, *Derecho civil, Primer Curso, Parte general,* décimo segunda edición, México.

Galindo Sifuentes, Ernesto, *Argumentación jurídica, técnicas de argumentación del abogado y del juez,* México, Porrúa, 2008.

García Becerra, José Antonio, *Los Medios de Control Constitucional en México,* Culiacán, Sinaloa, Cuadernos Jurídicos, Supremo Tribunal de Justicia, noviembre de 2011.

García Máynez, *Eduardo, Lógica del raciocinio jurídico,* México, Distribuidores Fontamara, 2002.

García Máynez, Eduardo, *Positivismo jurídico, realismo sociológico y iusnaturalismo,* México, Fontamara, 1993.

Garzón Valdés, Ernesto y Laporta Francisco J. (coords.), *Enciclopedia Iberoamericana de Filosofía, t. II: El derecho y la justicia,* Madrid, Trotta, 2000.

González Ruiz, Samuel, *Código semiótico y teorías del derecho,* México, DJC, 2004.

Huerta Ochoa, Carla, *Mecanismos constitucionales para el control del poder político,* México, Instituto de Investigaciones Jurídicas UNAM, 2001.

Kelsen, Hans, *La garantía jurisdiccional de la Constitución (La justicia constitucional),* trad. de Rolando Tamayo y Salmorán, México, UNAM, Instituto de Investigaciones Jurídicas, Serie de ensayos jurídicos número 5, 2001.

—,La Teoría pura del derecho, México, Colofón, 2009.

Larios Velasco, Rogelio y Caballero Gutiérrez, Lucila, *Las directivas de la interpretación jurídica,* México, Fontamara, 2011.

Márquez Piñero, Rafael, *La Jurisdicción Constitucional, en Estudios en homenaje al Doctor Héctor Fix-Zamudio en sus treinta años como investigador de las ciencias jurídicas,* t. 11, México, UNAM, Instituto de Investigaciones Jurídicas, 1988.

Martínez Sánchez, León Javier. *La Inconstitucionalidad por omisión legislativa.* Editorial Miguel Ángel Porrúa, México 2007.

Moreno Navarro, Gloria, *Teoría del derecho,* México, McGraw-Hill, 1999.

Noriega Cantú, Alfonso, *El Supremo Poder Conservador, en la Revista de la Facultad de Derecho de México,* t. XXVII| septiembre-diciembre 1978, número 111.

Pantoja Morán, David. *El Supremo Poder Conservador. El Diseño Institucional en las Primeras Constituciones Mexicanas,* Editorial Colegio de México, 2005.

Patiño Camarena, Javier. *Constitucionalismo y reforma constitucional,* Editorial Instituto de Investigaciones Jurídicas UNAM, México, 2014.

Perelman, Chain, *La lógica jurídica y la nueva retórica,* trad. Luis Diez- Picazzo, España, Civitas, 1979.

Pérez Royo, Javier, *Curso de Derecho Constitucional,* Madrid, 2000.

Platón, Diálogos ll, *Gorgias o de la retórica,* tercera edición, trad. de Ivonne Said Martínez, México, Grupo Editorial, 2010.

Prieto Sanchís, Luis, *Diez argumentos a propósito de los principios,* Jueces para la Democracia, Madrid, 1996.

Recaséns Siches, Luis, *Introducción al estudio del derecho,* décimo séptima edición, México, Porrúa, 2014.

Ritzer, George, *Teoría Sociológica Moderna,* trad. María Teresa Casado Rodríguez, quinta edición, España, McGraw Hill, 2002.

Rojas Amandi, Víctor Manuel, *El concepto de derecho de Ronald Dworkin,* México, Revista de la Facultad de Derecho UNAM, No, 246.

Schmitt, Carl, *La defensa de la Constitución,* Editorial Tecnos, Madrid,

Suárez Romero, Miguel Ángel, y Conde Gaxiola, Napoleón, *Argumentación jurídica,* México, Facultad de Derecho UNAM.

Tamayo y Salmorán, Rolando, *Elementos para una teoría general del derecho (Introducción al estudio de la ciencia jurídica),* México, Themis, 1992.

—,*Razonamiento y argumentación jurídica. El paradigma de la racionalidad y la ciencia del derecho,* México, Instituto de Investigaciones Jurídicas UNAM, 2003, Serie Doctrina Jurídica, núm. 121.

Tocqueville, Alexis de, *La democracia en América,* Editorial Fondo de Cultura Económica, México, 1984.

Vázquez, Rodolfo (comp.), *Interpretación Jurídica y decisión judicial,* segunda edición., México, Fontamara, S.A., 2001.

Viehweg, Theodor, *Tópica y Filosofía del derecho,* trad. Jorge M. Seña. España, Gedisa, Colección estudios alemanes, 1997, volumen 16.

Weston, Anthony, *Las claves de la argumentación,* décimo cuarta edición, trad. de Jorge F. Malem, Barcelona, Ariel, 2008.

Wróblewski, Jerzy, *Sentido y hecho en el derecho,* trad. Francisco Javier Ezquiaga Ganuzas y Juan lgarza Salaverría, México, Distribuciones Fontamara, 2003.

Zagrebelsky, Gustavo, *El derecho dúctil,* ley, derechos y justicia, Madrid, Trotta, 2007.